すぐできる74の“パソコン機能”スッキリ整理術

[著] 宮下 由多加

Jam House

■本書の内容は執筆時点（2020年8月）の情報を元に書かれており、画面はWindows 10、Microsoft Officeの環境で作成しました。
■お使いのパソコンによってはMicrosoft Office（WordやExcelなどがセットになったパッケージ製品）がインストールされていない場合があります。必要に応じて別途購入できます。詳しくはMicrosoftのサイト（https://www.microsoft.com/ja-jp）をご覧ください。
■マウス操作について「クリック」と表記されている場合、左ボタンでのクリックを表しています。右ボタンでのクリックは「右クリック」と表記しています。
■本書に掲載している内容は、本書作成時点の内容です。ホームページアドレス（URL）やサービス内容、画面は変更となる可能性があります。
■本書の内容に基づく運用結果について、弊社は責任を負いません。ご了承ください。

はじめに

「操作は間違っていないのに、なかなかパソコン仕事がはかどらない」

皆さんはこんなお悩みをお持ちではありませんか？

ひょっとしたら、その原因はムダな設定やおせっかいな機能のせいかもしれません。本書は、パソコン特有のムダやおせっかいを一掃し、作業効率をアップさせる方法を解説しています。

筆者は、約20年にわたりパソコンの便利な機能や時短テクニックを紹介してきました。しかし、その一方で読者の皆さんから多く寄せられたのは、「こんなアプリは使わないから削除したい」「こんな機能が勝手に実行されて困っている」といった声でした。時短以前に、多くのユーザーがムダな機能に振り回されていたのです。

例えば、机の上に物が散らかっていると作業の邪魔になってしまいます。それと同様に、パソコンではムダな機能の多さがかえって仕事の妨げになるのです。これらを解消し、ストレスなくパソコンを使えるようにするのが本書の趣旨です。ちなみに筆者の私見では、パソコンの機能の約30%は不要であると考えています。

折しも2020年は、新型コロナウイルスの影響により、社会のあり方が一変しました。リモートワークが普及し、より効率的なパソコン操作が求められます。本書を通じて不要な機能をスッキリと整理し、スムーズなパソコン作業にお役立ていただければ幸いです。

宮下 由多加

2章 操作の初期設定をカスタマイズする……75

3章 ブラウザーのおせっかいを解消する……93

5章 Officeの厄介な機能をオフにする……127

本書の読み方

WindowsやWord、Excelなどの、ムダな設定やおせっかいな機能をスッキリさせる方法を紹介しています。パソコンを使っていて「こんな機能がうっとうしい」と感じることがあったら、本書を開いてみてください。

全部で74の項目を紹介しています。

「ムダ機能」「おせっかい機能」を症状から探せます。

「スッキリ度」の目安を%で表示しています。

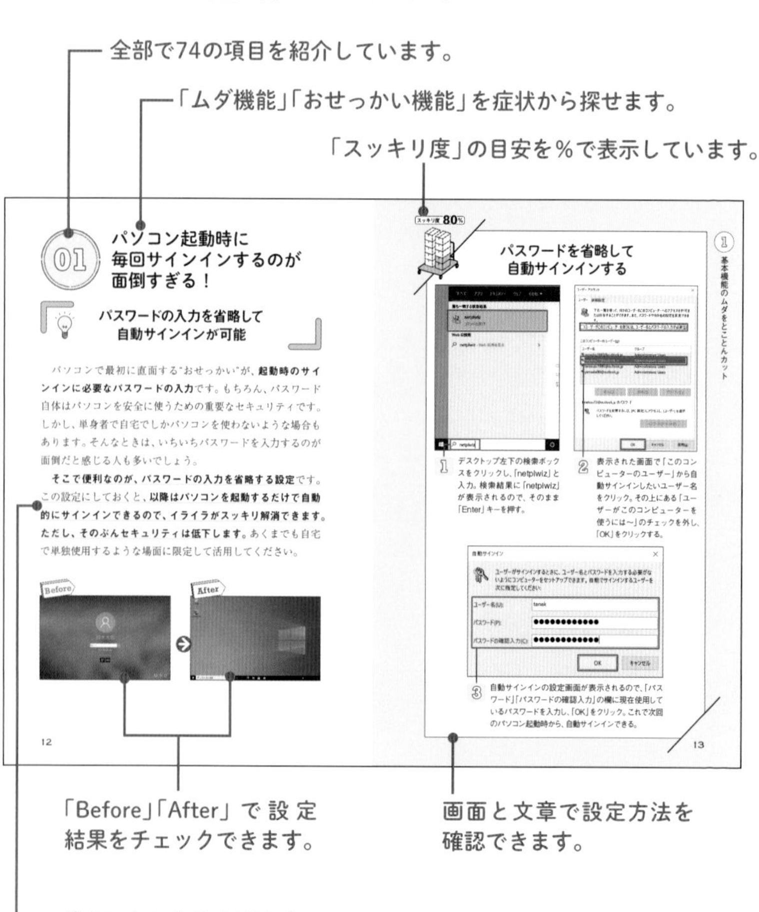

「Before」「After」で設定結果をチェックできます。

画面と文章で設定方法を確認できます。

ポイントとなる文章を太字や黄色のアンダーラインで強調しています。

基本機能のムダを
とことんカット

起動時のサインイン、マウス、ウィンドウ、入力など、
何気なく使っている基本操作の中には、実はかなり多くの
“おせっかい”が潜んでいます。
また、画面表示の「スナップ」機能やインターネット上にデータを
保存する「OneDrive」などを使いたくないという人もいるでしょう。
この章では、パソコンの基本機能の
ムダをなくす方法をご紹介します。

パソコン起動時に毎回サインインするのが面倒すぎる！

パスワードの入力を省略して自動サインインが可能

パソコンで最初に直面する“おせっかい”が、**起動時のサインインに必要なパスワードの入力**です。もちろん、パスワード自体はパソコンを安全に使うための重要なセキュリティです。しかし、単身者で自宅でしかパソコンを使わないような場合もあります。そんなときは、いちいちパスワードを入力するのが面倒だと感じる人も多いでしょう。

そこで便利なのが、パスワードの入力を省略する設定です。この設定にしておくと、**以降はパソコンを起動するだけで自動的にサインインできるので、イライラがスッキリ解消できます。ただし、そのぶんセキュリティは低下します。**あくまでも自宅で単独使用するような場面に限定して活用してください。

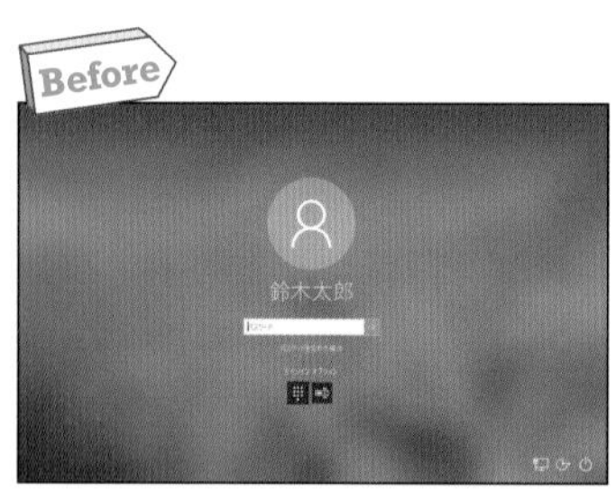

パスワードを省略して自動サインインする

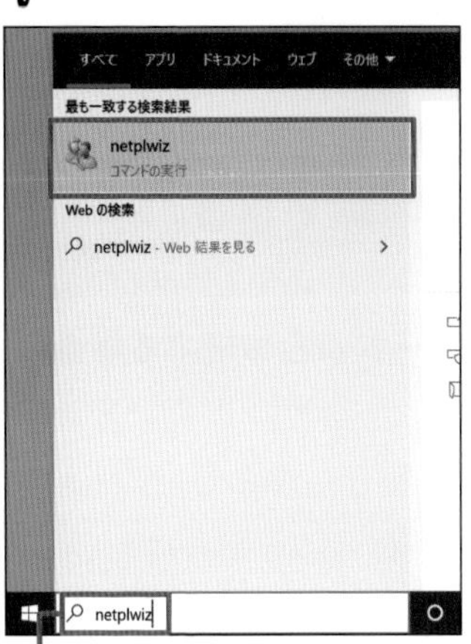

1 デスクトップ左下の検索ボックスをクリックし、「netplwiz」と入力。検索結果に「netplwiz」が表示されるので、そのまま「Enter」キーを押す。

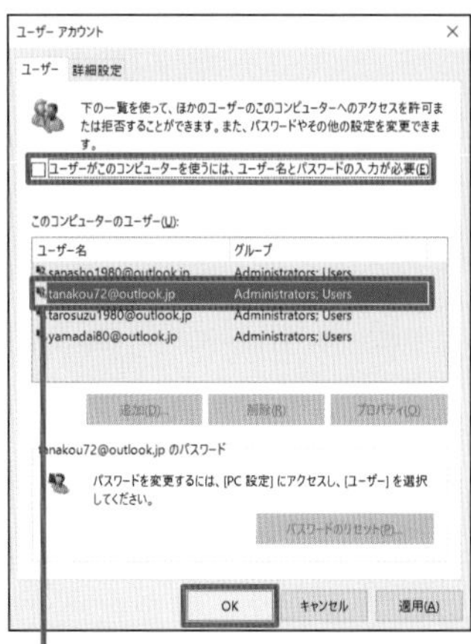

2 表示された画面で「このコンピューターのユーザー」から自動サインインしたいユーザー名をクリック。その上にある「ユーザーがこのコンピューターを使うには〜」のチェックを外し、「OK」をクリックする。

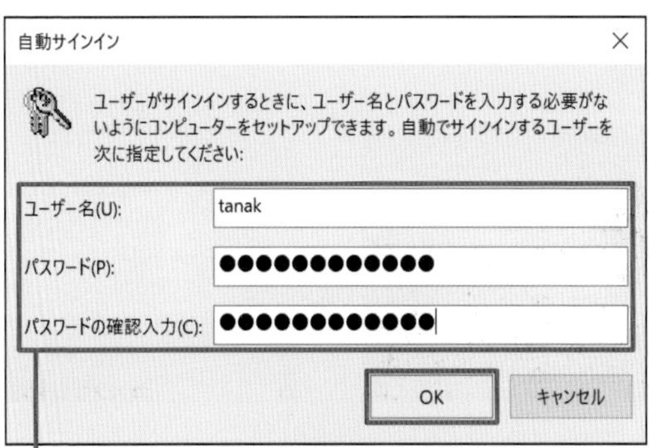

3 自動サインインの設定画面が表示されるので、「パスワード」「パスワードの確認入力」の欄に現在使用しているパスワードを入力し、「OK」をクリック。これで次回のパソコン起動時から、自動サインインできる。

スリープから復帰するときのパスワード入力が面倒！

パスワードの省略ですぐにスリープを解除できる

Windows 10のパソコンは、**スリープから復帰する場合にもパスワードの入力が求められます。**起動時のサインイン同様に、これも“おせっかい”だと感じるかもしれません。一人暮らしで自宅でしかパソコンを使っていないような人にとっては、いちいちパスワードを入力するのは面倒でしかありません。

実は、このスリープ復帰時のパスワードも省略することが可能です。「設定」の「サインインオプション」から設定を変更するだけなので、とっても簡単です。ただし、誰でもスリープを解除できてしまうので、セキュリティは低下します。その場に第三者がいるような場合は、設定の変更は避けましょう。

パスワードを省略して スリープを即解除

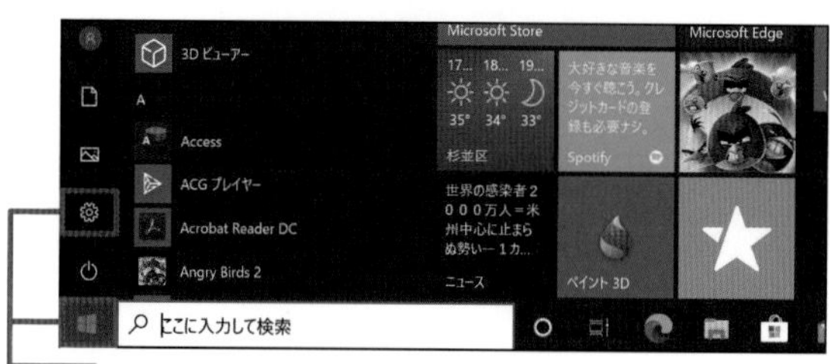

1 デスクトップ左下の「スタート」ボタンをクリックして「設定」をクリックし、「設定」画面を開く。

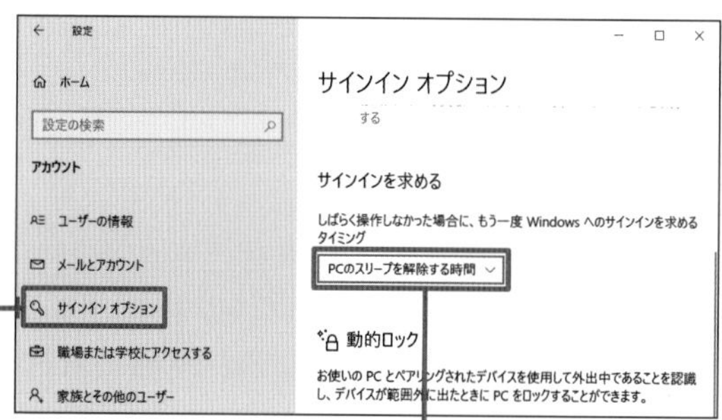

2 「設定」画面で「アカウント」をクリックし、左側のメニューから「サインインオプション」をクリック。

3 画面右側にある「サインインを求める」の「PCのスリープを解除する時間」をクリック。

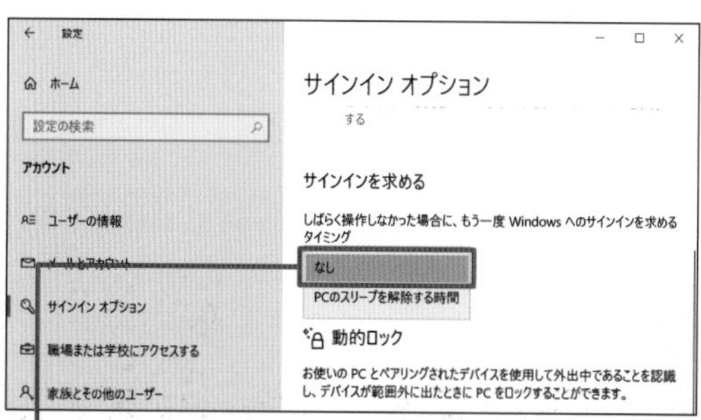

4 表示された項目から「なし」を選択する。これで、以降はスリープをパスワードなしで解除できるようになる。

パソコンの起動と同時に勝手にいろんなアプリが起動しちゃう！

「スタートアップ」で起動したくないアプリを無効にする

パソコンの起動と同時に、いくつかのアプリが自動的に起動することがあります。これは**「スタートアップ」**と呼ばれるしくみなのですが、「いつの間にそんな勝手なことに？」と不思議に思う人もいるかもしれません。実は、一部のアプリはインストールの際に、自動的にスタートアップとして登録されているのです。

しかし、利用頻度の低いアプリが登録されることもあります。こうなると、ユーザーにとってはよけいなおせっかい。**スタートアップの数が多いと、パソコンの起動に時間がかかることがあるので、不要なものは無効にしておきましょう。**なお、不要なスタートアップを無効にする方法には、「設定」から行う方法と、「タスクマネージャー」から行う方法の2種類があります。

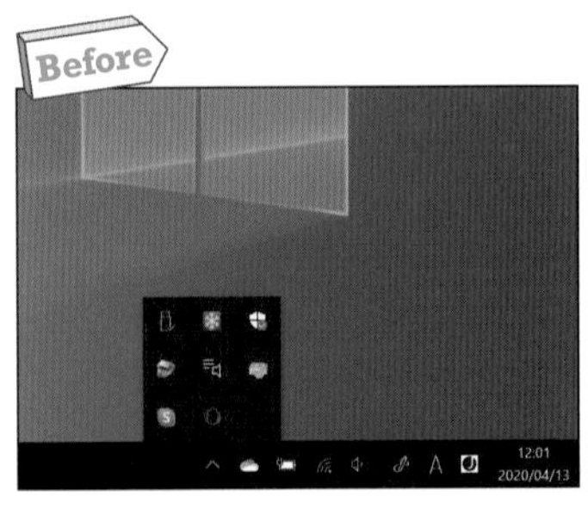

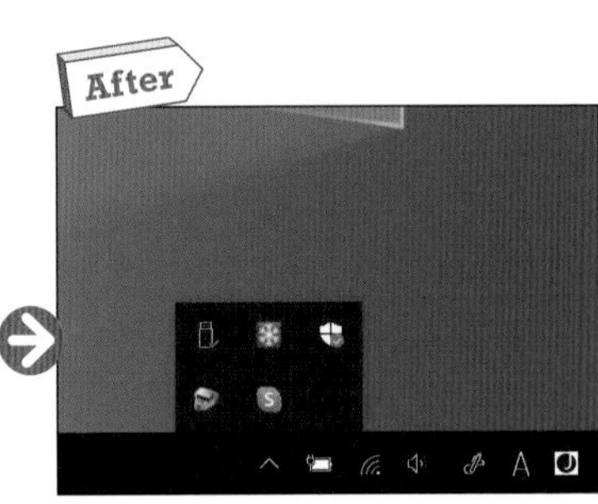

「設定」から不要なスタートアップをオフにする場合

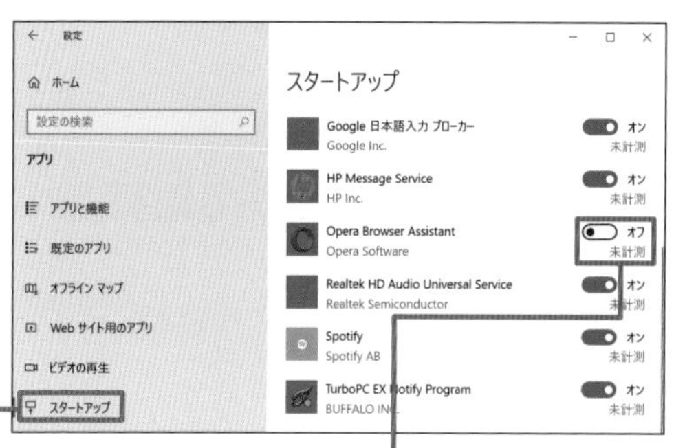

1 Windows 10の「設定」→「アプリ」を開き、左側のメニューから「スタートアップ」をクリック。

2 右側にスタートアップに登録されているアプリの一覧が表示されるので、不要なものを「オフ」に切り替えよう。

タスクマネージャーからスタートアップを無効化する場合

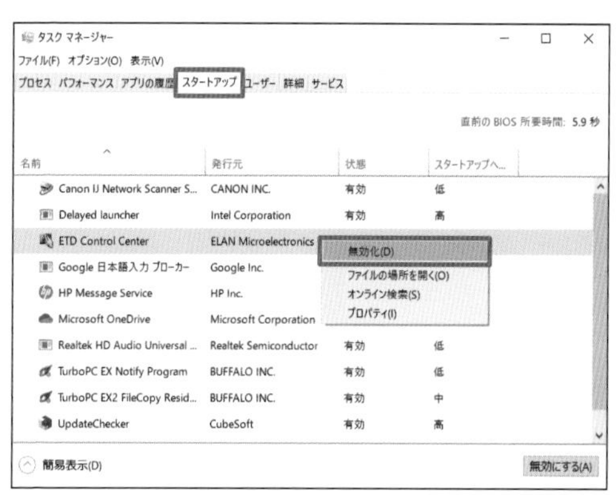

1 画面の下端にあるタスクバー（スタートボタンや起動中のアプリのボタンなどが表示されている帯状のバー）を右クリックし、「タスクマネージャー」をクリック。表示された画面の「詳細」をクリックし、「スタートアップ」タブを開く。リストから不要なものを右クリックし、「無効化」をクリックすればいい。

「OneDrive」は使わないので何とかしたい！

「リンク解除」かアンインストールで対応

「OneDrive（ワンドライブ）」は、Windows 10に標準で組み込まれているMicrosoftのクラウドサービスです。インターネット上の専用スペースにデータを保存でき、パソコンとの間でデータを同期・共有できるのも特長です。しかし、データをネット上に保存したくないという人にとっては、無用の長物とも言えます。

OneDriveを使いたくないという場合は、「リンク解除」をすることで、パソコンとの同期を一時的に停止することができます。また、一切使わないという場合は、OneDrive自体をアンインストール（削除）することもできます。必要になれば、後から再インストールすればいいだけですので、不要な場合は完全に削除してしまいましょう。

「リンク解除」でOneDriveとパソコンの同期を一時停止する

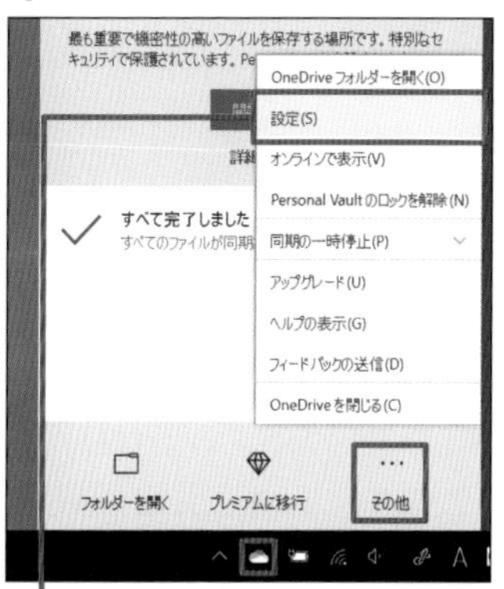

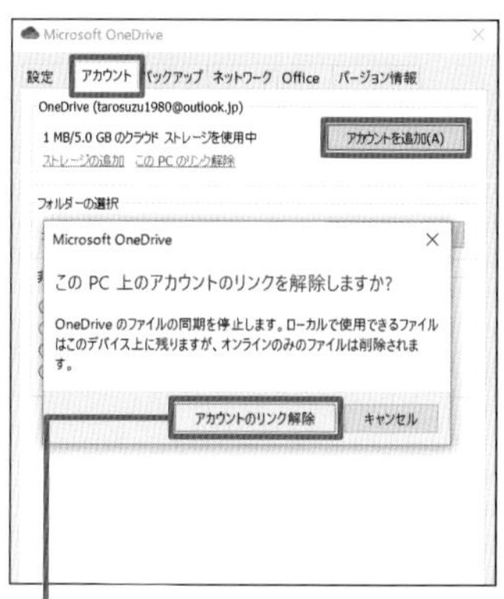

1 タスクバーの通知領域にあるOneDriveのアイコンをクリックし、「その他」をクリック。表示されたメニューから「設定」をクリック。

2 「アカウント」タブを開き、「このPCのリンク解除」をクリック。確認画面が表示されるので、「アカウントのリンク解除」をクリックする。

OneDriveをアンインストールする

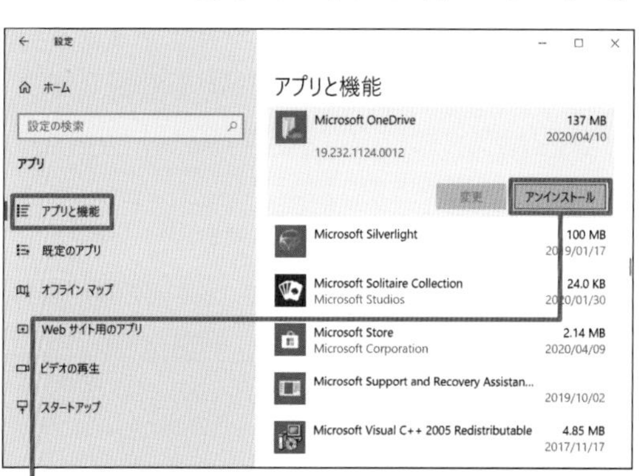

1 OneDriveをアンインストールする場合は、Windows 10の「設定」→「アプリ」→「アプリと機能」を開く。右側のリストから「Microsoft OneDrive」をクリックし、「アンインストール」をクリックすればいい。

音声操作なんていらない！ Cortanaを非表示にする

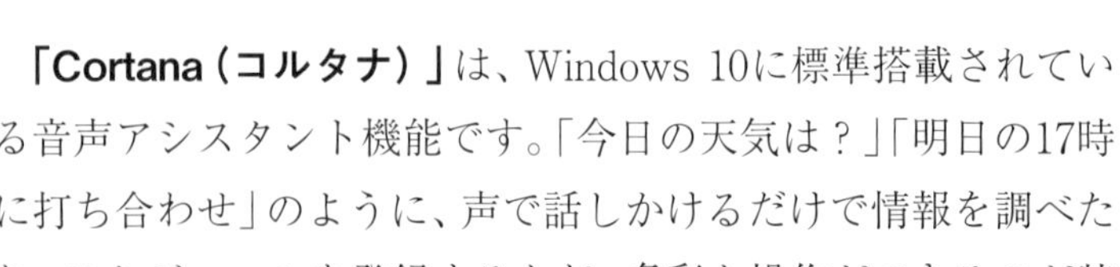

「Cortana（コルタナ）」は、Windows 10に標準搭載されている音声アシスタント機能です。「今日の天気は？」「明日の17時に打ち合わせ」のように、声で話しかけるだけで情報を調べたり、スケジュールを登録するなど、多彩な操作ができるのが特長です。

しかし、**実際に音声操作を使う機会はそれほど多くありません。**筆者もまず使うことはないのですが、タスクバーにCortanaのアイコンがあると意外と気になるものです。Cortana自体はシステムと一体化しているので、アンインストールすることはできません。しかし、**アイコンを非表示にすることはできるので、気になる人は設定を変更してスッキリと使いましょう。**

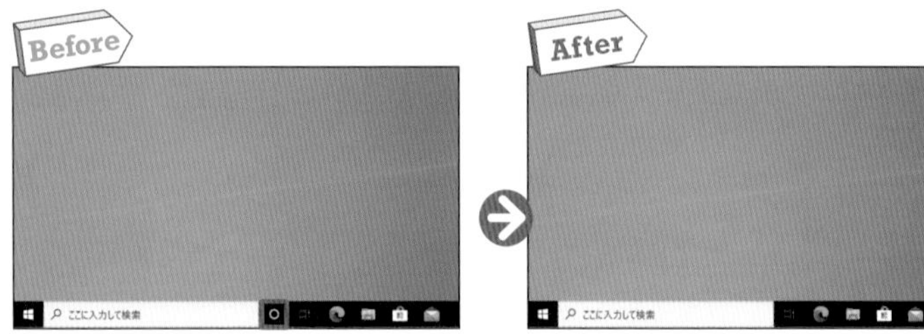

Cortanaのアイコンを非表示にする

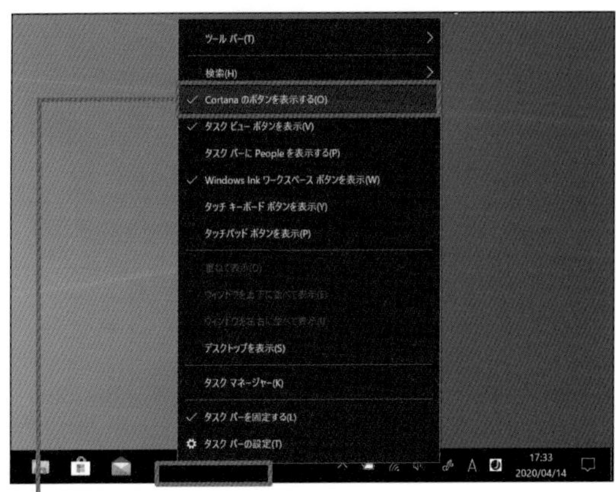

1 タスクバーの何もない部分を右クリックし、表示されたメニューから「Cortanaのボタンを表示する」を選択して、チェックを外す。

2 検索ボックスの右側にあったCortanaのアイコンが非表示になる。うっかりクリックしてCortanaが起動してしまうことがなくなるのもメリットだ。

「Windows Inkワークスペース」を使わないのでどうにかしたい

通知領域のアイコンを非表示にしておく

Windows 10には一般的なユーザーには不要と思われる機能がいくつかあり、**「Windows Ink（インク）ワークスペース」**もその代表格です。ペンやタッチ操作でホワイトボードに絵を描いたり、メモを付けたりと、さまざまなことができるのですが、利用シーンは意外とありません。筆者の場合も、絵を描くことなど一切ないので、正直言って今まで一度も使ったことがありません。

Windows Inkワークスペース自体はアンインストールできませんが、通知領域にあるアイコンを非表示にすることができます。利用機会がなく邪魔だと感じる場合は、アイコンを非表示にしておけば、うっかりクリックするのを防止できます。

通知領域のアイコンを非表示にする

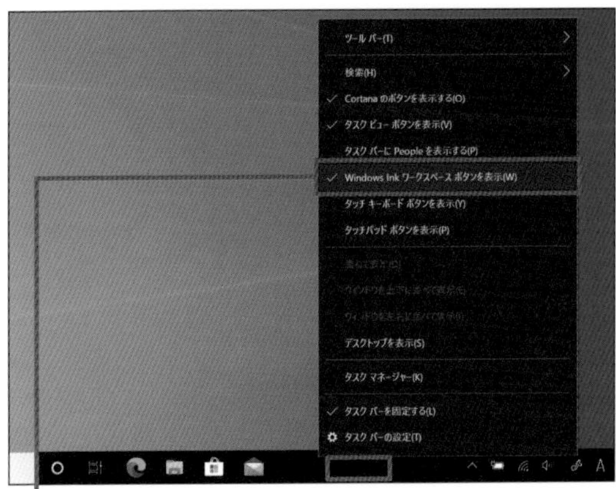

1 タスクバーの何もない部分を右クリックし、「Windows Inkワークスペースボタンを表示」を選択してチェックを外す。

2 通知領域にあったWindows Inkワークスペースのアイコンが非表示になる。

「タイムライン」なんてまったく必要ないんだけど……

「アクティビティの履歴」を変更すれば非表示にできる

アプリの切り替えは、タスクバーにある「タスクビュー」アイコンをクリックする（または「Windows」＋「Tab」キーを押す）と表示される「タスクビュー画面」で行えます。タスクビュー画面には現在起動中のアプリとともに、**「タイムライン」と呼ばれる利用履歴が時系列で表示されます。**自分が過去に開いたファイルやアプリがひと目で分かるメリットはありますが、実際に役に立つ場面はあまり多くありません。かえってタイムラインがあることで、画面がゴチャゴチャして見にくいと感じるかもしれません。

タイムラインが必要ないときは、「アクティビティの履歴」の設定を変更することで、簡単に非表示にすることができます。また、それまでに保存された履歴を削除することもできますので、必要に応じて処理しましょう。

タイムラインを非表示にする

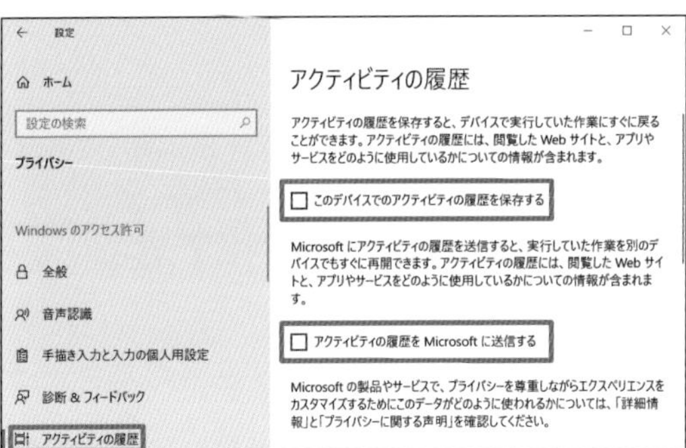

1 Windows 10の「設定」→「プライバシー」→「アクティビティの履歴」を開き、画面右側の「このデバイスでのアクティビティの履歴を保存する」と「アクティビティの履歴をMicrosoftに送信する」のチェックを外す。

2 「これらのアカウントのアクティビティを表示する」で、タイムラインを非表示にしたいMicrosoftアカウントのスイッチをオフにする。これで、タイムラインが非表示になるしくみだ。

3 手順 2 までの操作でタイムライン自体は非表示になるが、念のため保存済みの履歴を削除したいときは、「アクティビティの履歴を消去する」の「クリア」をクリックすればいい。

いちいちうるさい！アプリの通知サウンドが迷惑！

通知のサウンドは アプリごとにオフにできる

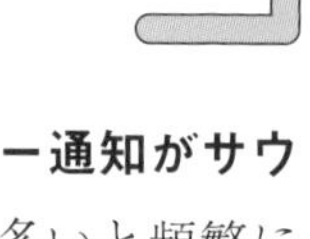

パソコンを使用していると、アプリからの**バナー通知がサウンドとともに表示されます**。ただし、通知の数が多いと頻繁にサウンドが鳴ることになるので、ちょっとうるさいと感じてしまうかもしれません。

そんなときは、通知のサウンドをオフにすることが可能です。**アプリごとに音を鳴らすかどうか選択できるので、例えばメールアプリの通知はオフにして、ブラウザーのEdge（エッジ）からの通知はオンにするといった使い分けができます。**

サウンドをオフにしても、通知自体はバナーで表示されますので、新しい通知が来ればきちんと確認できます。サウンドが煩わしいと感じる人は、必要に応じてオフに切り替えましょう。

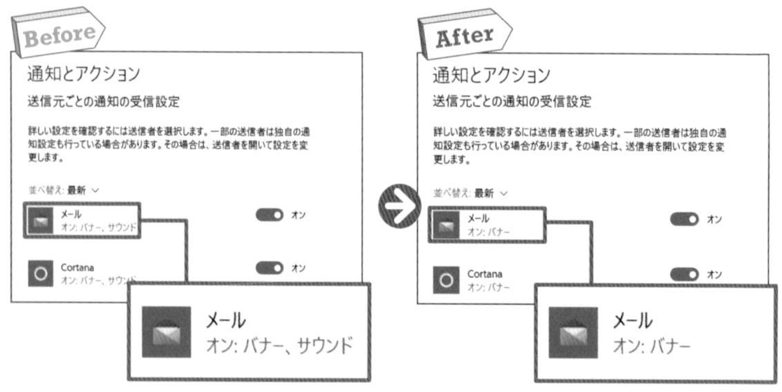

アプリの通知サウンドをオフにする

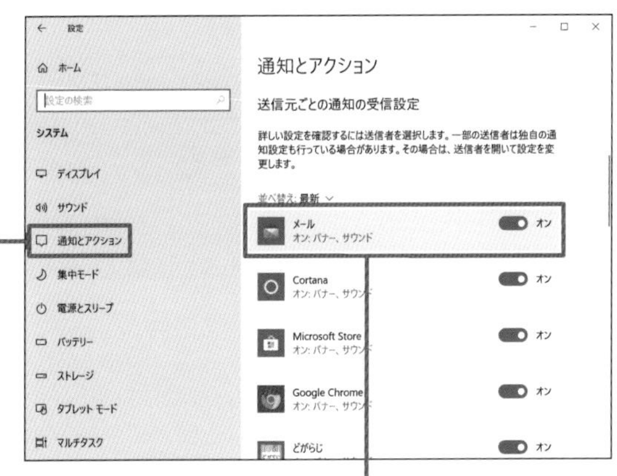

1 Windows 10の「設定」→「システム」→「通知とアクション」を開く。

2 サウンドをオフにしたいアプリをクリックする。

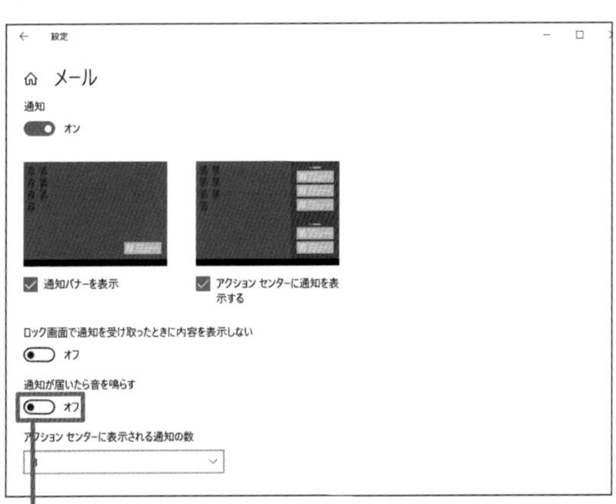

3 通知の詳細画面が表示されるので、「通知が届いたら音を鳴らす」のスイッチをオフにする。

頻繁に届く通知にイライラ！不要な通知を減らす方法は？

通知自体をアプリごとにオン・オフできる

頻繁に通知が表示されると、煩わしいと感じる人も多いでしょう。画面上に通知がそのつど表示されるので、作業中にはけっこう気になります。もちろんアプリによっては重要な通知もありますが、不要な通知はなるべく減らしたいものです。そんなときは、**アプリごとに通知のオンとオフを切り替えることができます。**

必要なアプリの通知はオンのままにしておき、重要度の低いアプリの通知をオフにしましょう。不要な通知をスッキリと整理すれば、ストレスも大幅に低減されます。また、**アプリ単位だけでなく、すべての通知を一括でオフにすることもできます。**必要に応じて上手に使い分けるようにしましょう。

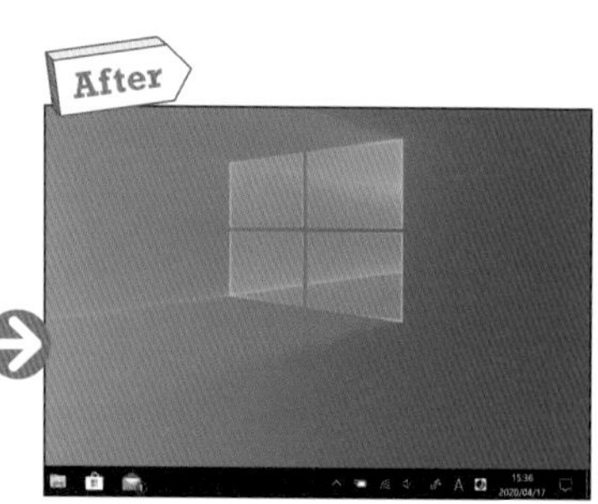

アプリごとに通知のオフを切り替える場合

1 Windows 10の「設定」→「システム」→「通知とアクション」を開く。

2 画面右側の「送信元ごとの通知の受信設定」の一覧で、通知がいらないアプリのスイッチを「オフ」に切り替える。

すべての通知をオフにする場合

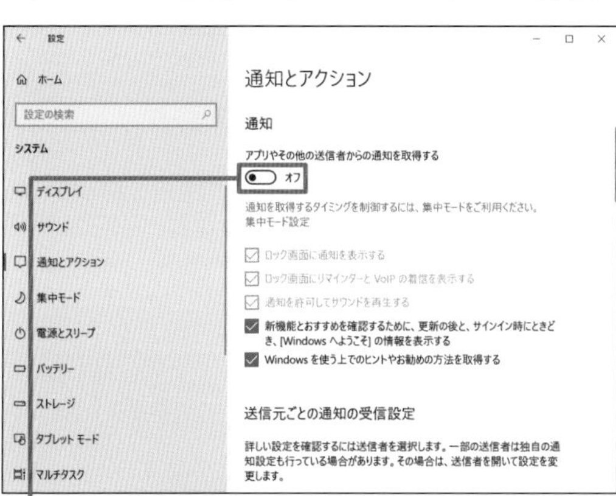

1 すべての通知をオフにしたい場合は、「アプリやその他の送信者からの通知を取得する」のスイッチを「オフ」にすればいい。

CDが勝手に再生されちゃう!? メディアが自動的に実行されるのをやめさせる

メディアの種類ごとに挿入時の動作を設定できる

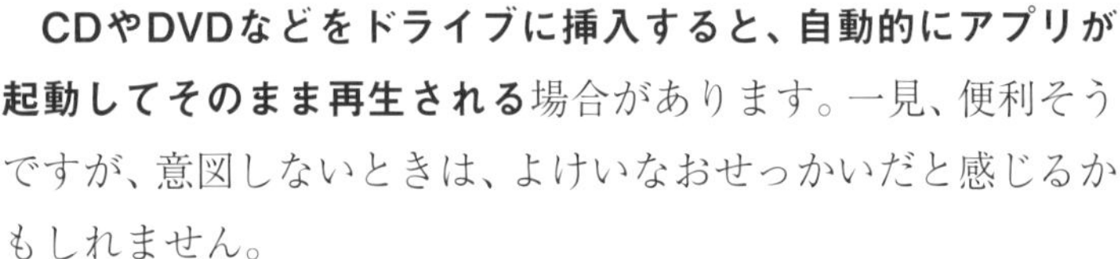

CDやDVDなどをドライブに挿入すると、自動的にアプリが起動してそのまま再生される場合があります。一見、便利そうですが、意図しないときは、よけいなおせっかいだと感じるかもしれません。

実はメディアを挿入・接続したときの動作は、細かく設定することが可能です。設定は、コントロールパネルの「ハードウェアとサウンド」の「自動再生」で行えます。メディアの種類ごとに異なる動作を割り当てられるので、オーディオCDはWindowsメディアプレーヤーで再生、DVDのときは何もしない、といった設定が可能です。**また、すべてのメディアの自動再生をまとめて無効にすることもできます。**一切、自動再生は使わないという人に最適です。

Before

After

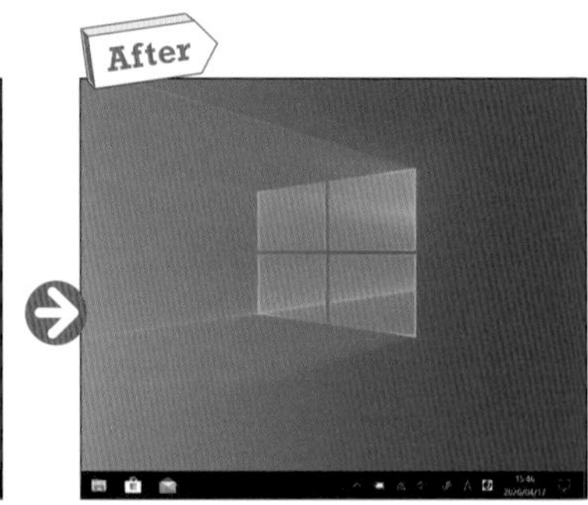

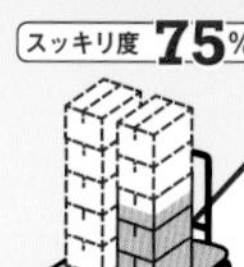

自動再生したくないメディアの動作を変更する

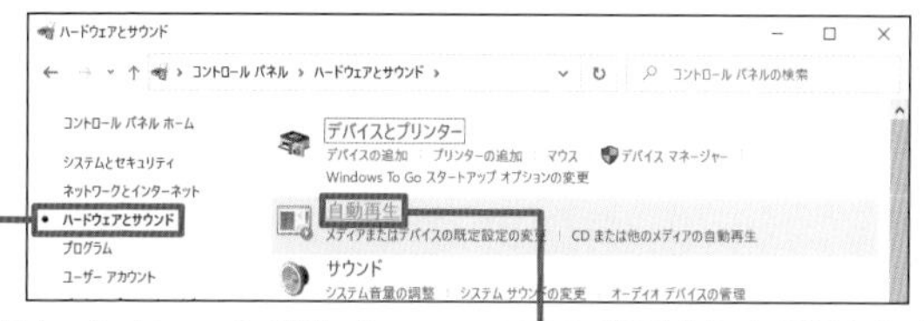

1 スタートメニューの「Windows システムツール」→「コントロールパネル」をクリックし、コントロールパネルの「ハードウェアとサウンド」を開く。

2 表示された項目から、「自動再生」をクリックする。

3 メディアの種類のプルダウンメニューをクリックして動作を変更する。自動再生をしたくない場合は、「何もしない」を指定しよう。また、挿入時にそのつど動作を選ぶ場合は、「毎回動作を確認する」にすればいい。

すべてのメディアの自動再生を無効にする場合

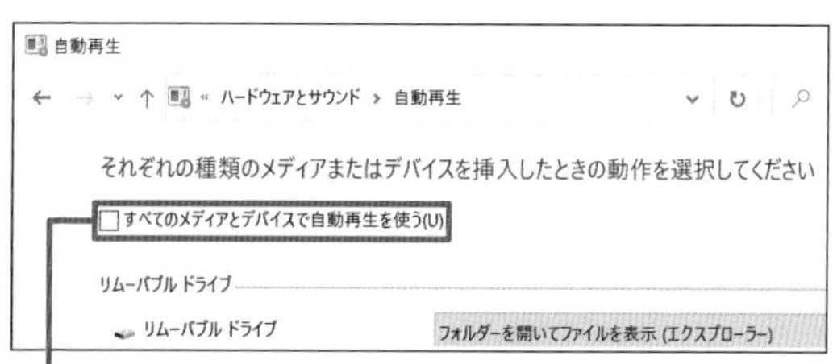

1 すべてのメディアの自動再生を無効にしたい場合は、自動再生の項目の中にある、「すべてのメディアとデバイスで自動再生を使う」のチェックを外せばOKだ。

すぐにスリープになってうっとうしい！一定時間の自動スリープをやめさせる

スリープへの移行時間は自由に変更できる

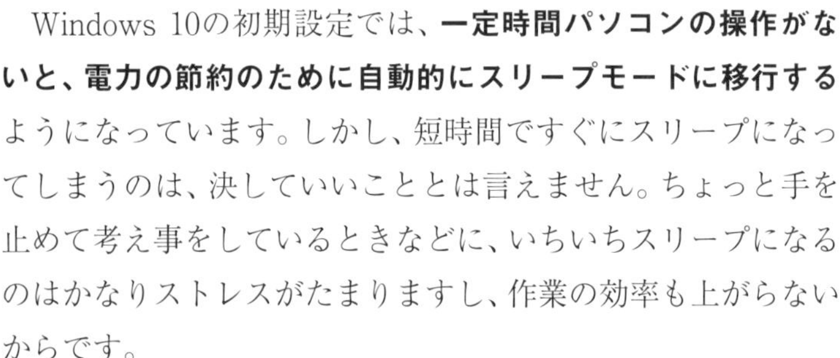

Windows 10の初期設定では、**一定時間パソコンの操作がないと、電力の節約のために自動的にスリープモードに移行する**ようになっています。しかし、短時間ですぐにスリープになってしまうのは、決していいこととは言えません。ちょっと手を止めて考え事をしているときなどに、いちいちスリープになるのはかなりストレスがたまりますし、作業の効率も上がらないからです。

実は**スリープへの移行時間は自由に変更することが可能です。スリープ間隔は1分～5時間までの15段階に加え、自動スリープ自体がオフになる「なし」も選べます。**ノートパソコンの場合は、バッテリー駆動時と電源接続時について個別にスリープ時間を設定できます。

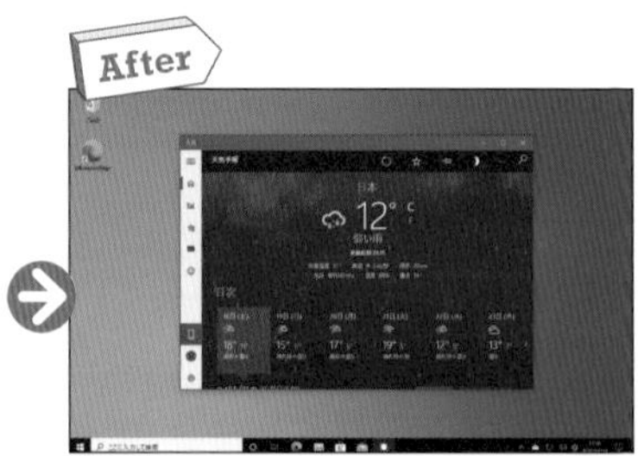

スッキリ度 85%

自動スリープの移行時間を変更する

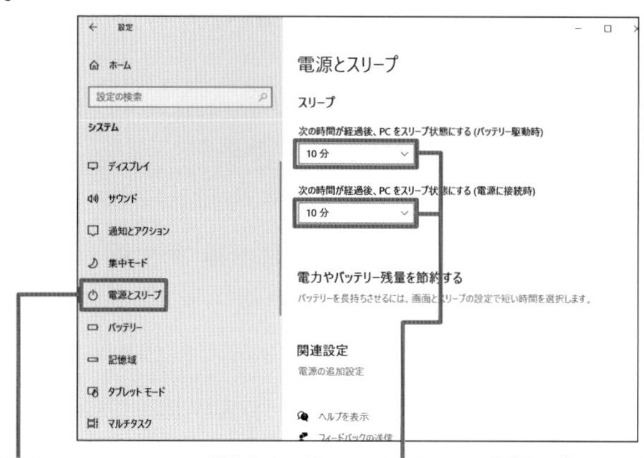

1 Windows 10の「設定」→「システム」→「電源とスリープ」をクリック。

2 画面右側の「スリープ」のところで、バッテリー駆動時、電源に接続時のそれぞれについてスリープまでの時間を設定する。

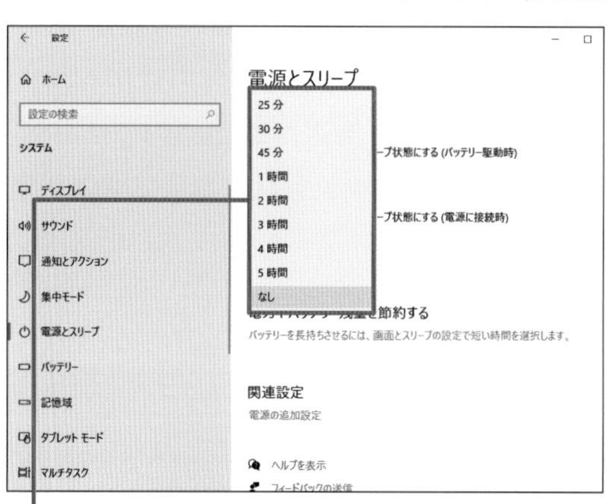

3 スリープ移行までの時間は、1分～5時間までの15段階と「なし」が選べる。自動スリープ自体をやめたい場合は、「なし」に変更しておこう。

電源ボタンを押したときやノートPCのカバーを閉じると勝手にスリープされちゃう！

電源ボタンやカバーの挙動は変更できる

Windows 10では、**パソコンの電源ボタンを押したとき、ノートPCのカバーを閉じたときの動作があらかじめ割り当てられています。**初期設定では「スリープ」が割り当てられているため、自動的にスリープになってしまいます。特にノートPCのカバーは、場所を移動するときなどに、一時的に閉じる機会もあります。いちいちスリープにされるのは、煩わしいと感じる人も多いでしょう。

そんなときは、**コントロールパネルの電源関係の設定から、割り当てる動作を変更しましょう。何の動作も割り当てたくない場合は、「何もしない」を選べばOKです。**ノートPCの場合は、電源接続時、バッテリー駆動時で個別に挙動を設定することもできます。

電源ボタンとカバーの挙動を変更する

1 スタートメニューの「Windowsシステムツール」→「コントロールパネル」をクリックし、コントロールパネルの「ハードウェアとサウンド」を開く。「電源オプション」の中にある「電源ボタンの動作の変更」をクリックする。

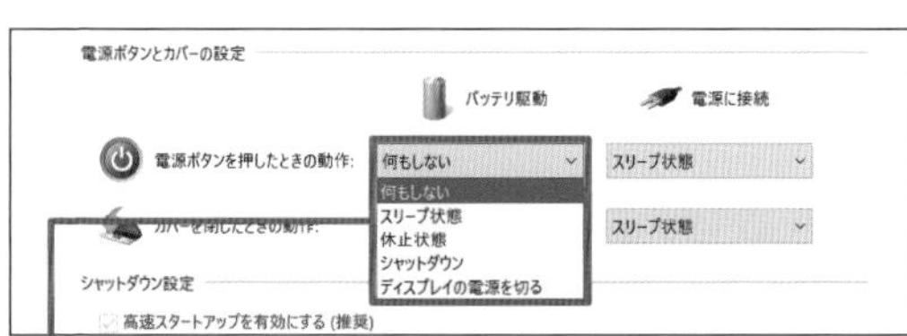

2 「電源ボタンとカバーの設定」で、「電源ボタンを押したときの動作」のプルダウンメニューをクリックし、好きな動作を選択する。バッテリー駆動、電源に接続、それぞれについて設定できる。

3 同様に、「カバーを閉じたときの動作」のプルダウンメニューをクリックし、好きな動作に変更しよう。最後に「変更の保存」をクリックすればOKだ。

ノートPCや タブレットPCの画面の 向きを回転したくない！

「回転ロック」をオンにすれば 画面の向きを固定できる

回転機能に対応しているノートPCやタブレットPCでは、**本体の向きを変えると画面の向きも自動的に回転するように**なっています。例えば、本体を縦向きにすると、画面も縦向きになるしくみです。

しかし、本体の向きに関わらず、画面の向きは常に固定したいという人もいるでしょう。そんなときは、**「回転ロック」をオンに切り替えれば、ディスプレイの向きを固定できます。固定する画面の向きは「横」「縦」「横（反対向き）」「縦（反対向き）」の4種類**から選べます。なお、回転ロックがグレーアウトして操作できない場合は、タスクバー右端の「アクションセンター」アイコンをクリックし、「タブレットモード」をクリックして本体をタブレットモードにするか、本体の向きを変えて一度画面を回転させると選択できるようになります。

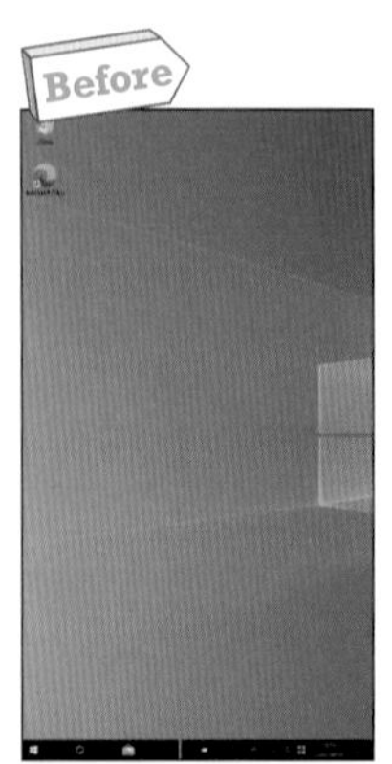

回転ロックをオンにして画面の向きを固定する

1 Windows 10の「設定」→「システム」→「ディスプレイ」をクリックして開き、「回転ロック」をオンにする。

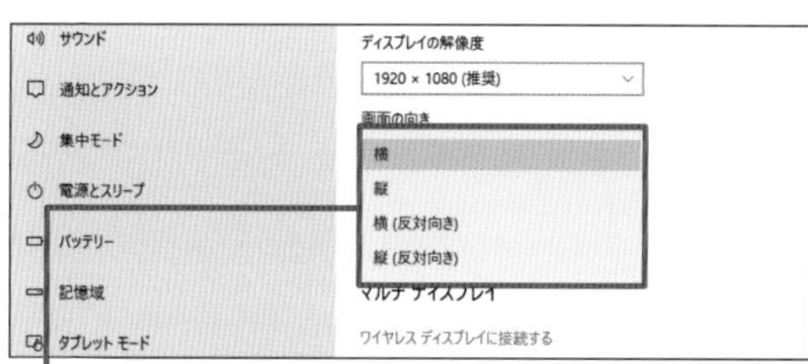

2 固定する画面の向きを変更する場合は、「画面の向き」の下のメニューをクリックし、好きな向きを選択する。

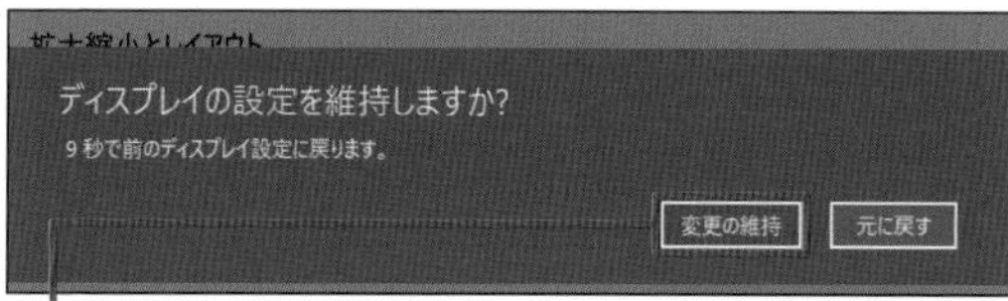

3 向きの変更を維持するかどうか確認画面が表示されるので、「変更の維持」をクリックすればOKだ。

何も操作しないとすぐにディスプレイがオフになっちゃうんだけど？

ディスプレイがオフになる時間を変更すればOK

Windows 10の初期設定では、**一定時間操作がないとディスプレイの電源がオフになります。**このしくみは消費電力を節約するのが目的ですが、短時間でオフになってしまうのは、よけいなおせっかいと感じることもあります。

ディスプレイが電源オフになるまでの時間は、実は自由に変更することが可能です。1分～5時間までの15段階に加え、「なし」を選択することもできます。ディスプレイをつけたままにしたい場合は、「なし」に変更しましょう。なお、ノートPCの場合は、バッテリー駆動と電源接続時で個別に時間を設定できます（32ページ参照）。

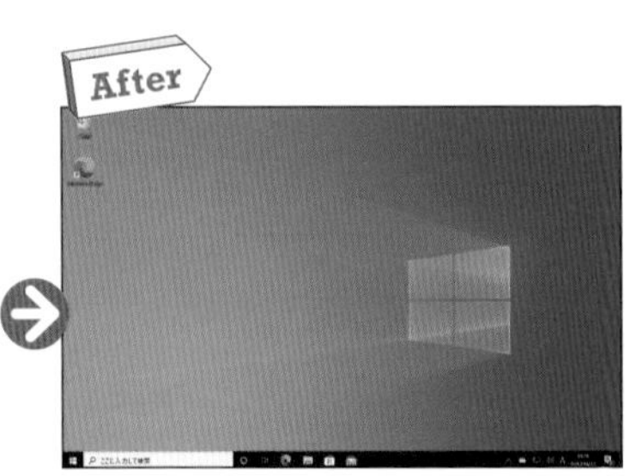

スッキリ度 65%

ディスプレイの電源が切られる時間を変更する

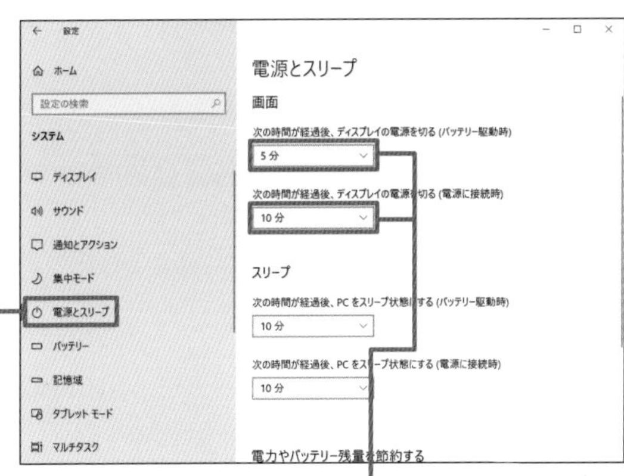

1 Windows 10の「設定」→「システム」→「電源とスリープ」をクリック。

2 右側にある「画面」の「次の時間が経過後、ディスプレイの電源を切る」のメニューをクリックする。なお、バッテリー駆動時と電源接続時を個別に設定できる。

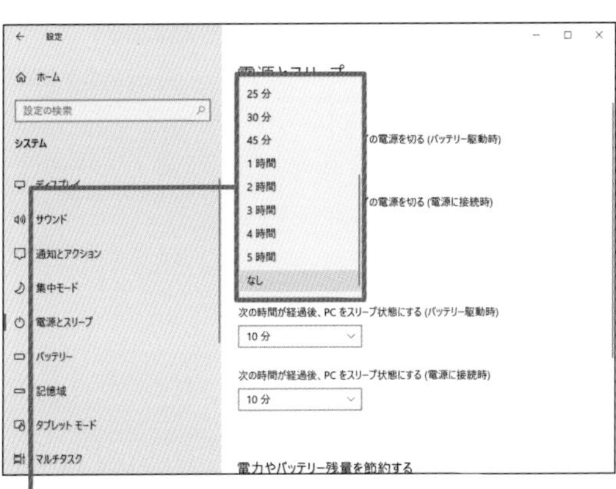

3 設定できる時間が表示されるので、好きな時間に変更すればいい。一切電源を切りたくない場合は、「なし」を選択しよう。

いちいち反応してうっとうしい！マウスしか使わないのでタッチパッドを無効にしたい

マウス接続時だけタッチパッドを無効にできる

タッチパッド搭載のノートPCでも、マウスを接続して使っている人も多いと思います。しかし、**マウス接続時であっても、タッチパッドに少しでも手が触れるとカーソルが反応してしまいます。**マウス操作とタッチパッド操作が併存している状態では、非常に使いにくくなってしまうのです。

そんなときは、**マウス接続時だけタッチパッドが無効になるように設定を変更しましょう。マウスを接続すると、自動的にタッチパッドが無効になるので、操作が干渉することがなくなります。**

設定方法は搭載されているタッチパッドの種類によって異なりますが、ここでは「マウスのプロパティ」から変更する方法をご紹介します。

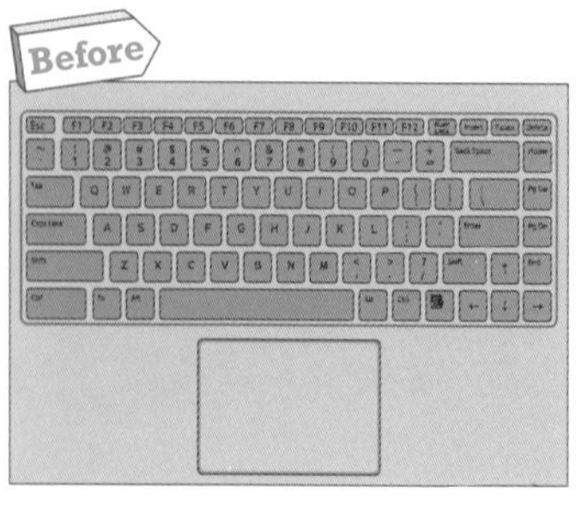

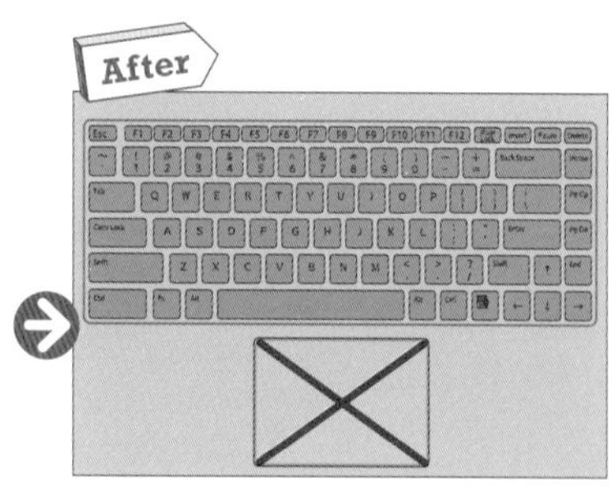

タッチパッドを無効にする

●ELANタッチパッドの場合

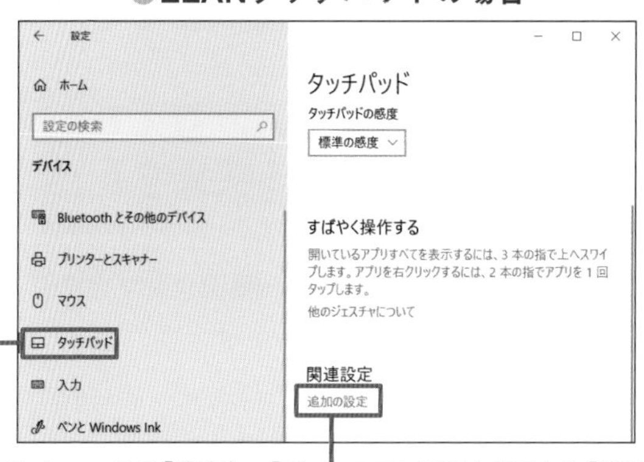

1 Windows 10の「設定」→「デバイス」→「タッチパッド」をクリック。

2 画面右側にある「追加の設定」をクリックする。

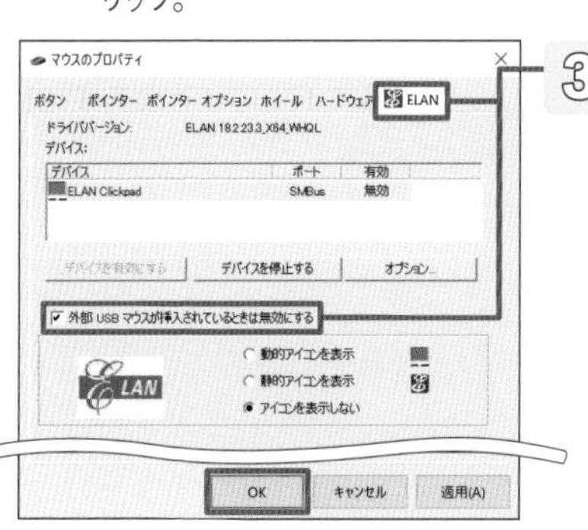

3 「マウスのプロパティ」が表示されるので「ELAN」タブを開く。「外部USBマウスが挿入されているときは無効にする」にチェックを入れて「OK」をクリックする。ELAN以外のタッチパッドが搭載されている場合は、「デバイス設定」や「タッチパッド」タブから同様の設定が可能だ。

●高精度タッチパッドの場合

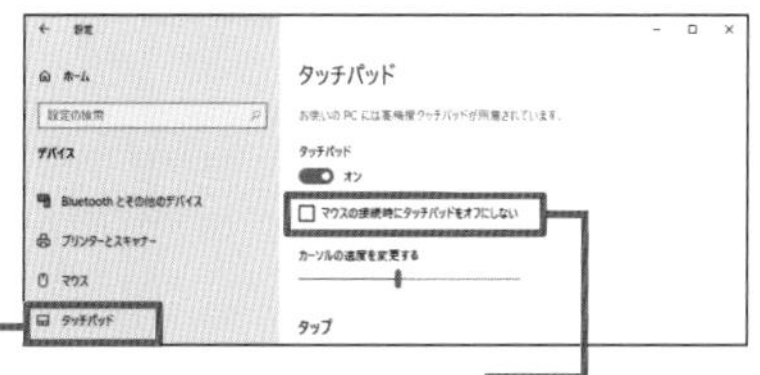

1 Windows 10の「設定」→「デバイス」→「タッチパッド」をクリック。

2 画面右側の「マウスの接続時にタッチパッドをオフにしない」のチェックを外す。

左利きだから マウスの操作が いろいろ使いにくい！

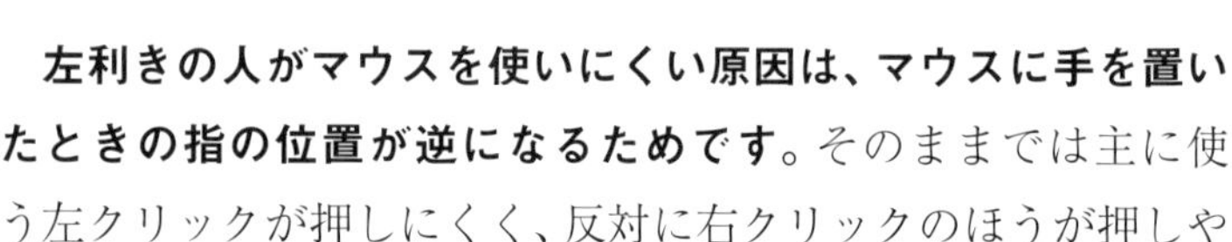

左右のボタンを入れ替えて メニューの向きも変更する

左利きの人がマウスを使いにくい原因は、マウスに手を置いたときの指の位置が逆になるためです。そのままでは主に使う左クリックが押しにくく、反対に右クリックのほうが押しやすい位置になってしまいます。

そこでオススメなのが、マウスの設定を変更して左右ボタンの役割を入れ替える方法です。「主に使用するボタン」を「右」にすれば、右側のボタンが左クリックの役割になり、左側のボタンが右クリックの役割になります。

また、クリックした際に表示されるコンテキストメニューの向きも変更できます。クリックした地点の左側もしくは右側を選んで表示できるので、使いやすい向きに設定を変更しておきましょう。

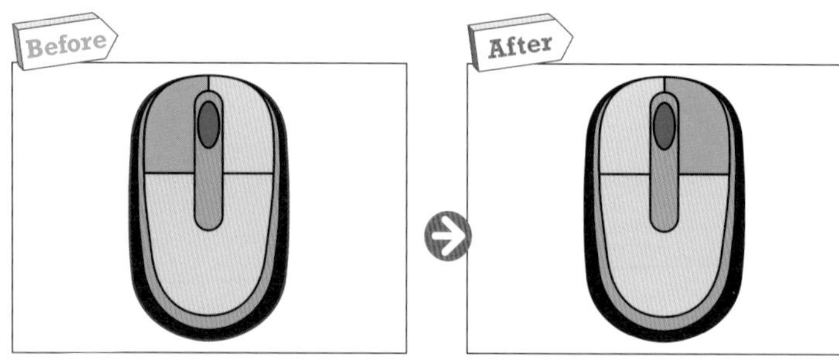

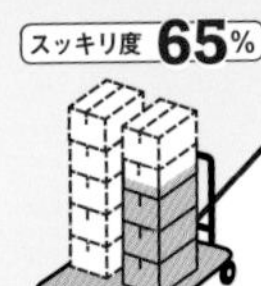

マウスの左右ボタンの役割を入れ替える

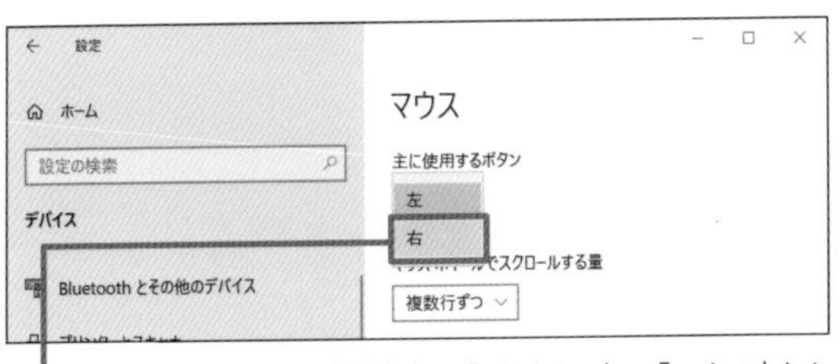

1 Windows 10の「設定」→「デバイス」→「マウス」をクリックして開く。左利きで使いやすくするには、「主に使用するボタン」を「右」に設定する。

コンテキストメニューの向きを変更する

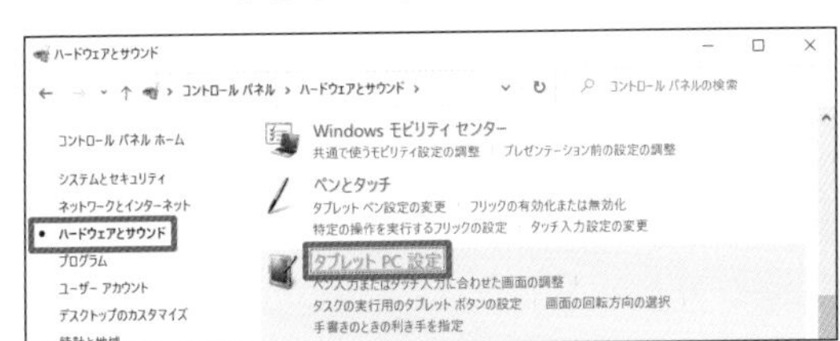

1 スタートメニューの「Windowsシステムツール」→「コントロールパネル」をクリックしてコントロールパネルを開き、「ハードウェアとサウンド」→「タブレットPC設定」をクリック。

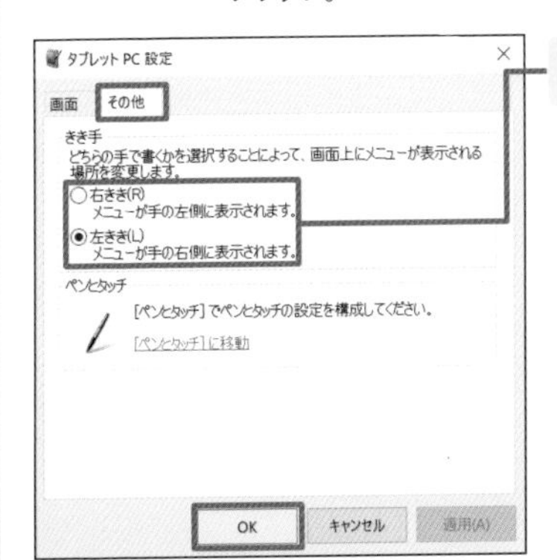

2 「その他」タブを開き、メニューを手の左側に表示したい場合は「右きき」を、手の右側に表示したい場合は「左きき」を選択。最後に「OK」をクリックしよう。

マウスホイールを動かしたときのスクロール量って少なすぎない？

スクロール量を多めに設定すればOK

マウスのホイールを前後に回転させると、Webページやアプリ画面を上下にスクロールできます。しかし、初期設定ではマウスホイールの動作量に対して、**スクロールされる量が少なく感じることがあります。**特に上下に長いWebページを閲覧する場合、スクロール量が少ないとマウスホイールを何度も回す必要があります。これでは効率的な操作とは言えませんし、指も疲れてしまいます。

そんなときは、スクロールの設定を変更してみましょう。**一度に移動する行数を多くすれば、その分ホイール動作に対する移動距離が長くなります。また、スクロール量を行数ではなく、1画面単位にすることもできます。**いろいろ試して、適切なスクロール量を見つけてください。

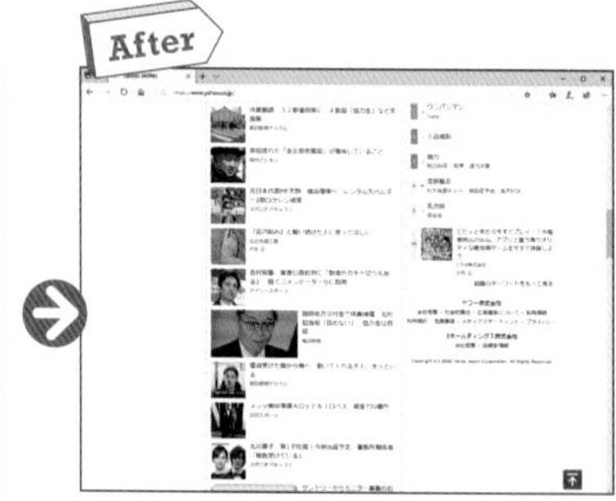

マウスホイールのスクロール量を多めに設定する

1 Windows 10の「設定」→「デバイス」→「マウス」をクリック。

2 「一度にスクロールする行数」のスライダーを右側に動かせばスクロール量を多くできる。

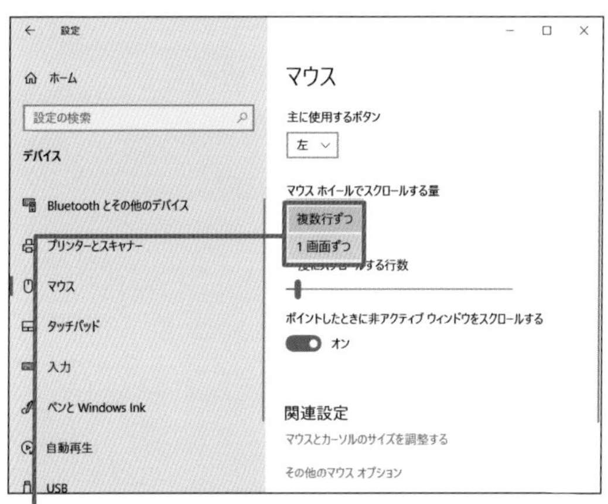

3 スクロールする量を行数ではなく1画面ずつにしたい場合は、「マウスホイールでスクロールする量」をクリックし、「1画面ずつ」に変更すればいい。

視覚効果のアニメーションって必要ないかも

アニメーション効果はオフにできる

Windows 10では、**視覚効果としてアニメーションが使われることがあります**。例えば、ウィンドウの最小化や最大化をしたときは視覚的にフワリと動作しますが、これもアニメーション効果のひとつです。

しかし、こういう効果が苦手な人も意外と多いのではないでしょうか。アニメーション自体は機能とは無関係なので、無くても一切困ることはありません。むしろアニメーションがあることで、パソコンに余計な負荷をかける側面もあります。**不要な場合は、アニメーション効果を無効にしておきましょう。**

アニメーションのオンとオフの切り替えは、「設定」→「簡単操作」→「ディスプレイ」から行います。

スッキリ度 60%

アニメーション効果を無効にする

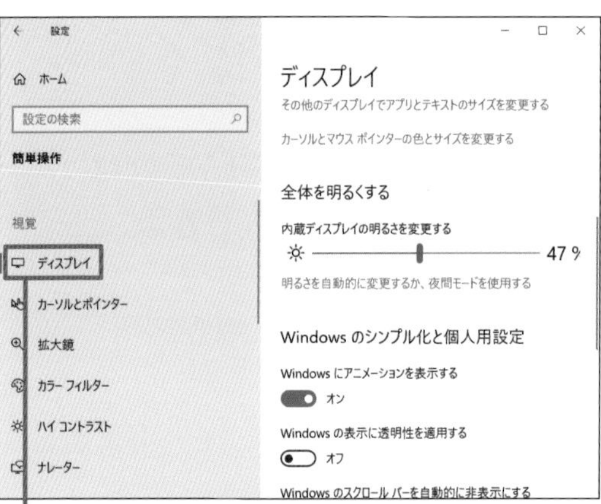

1 Windows 10の「設定」→「簡単操作」→「ディスプレイ」をクリックする。

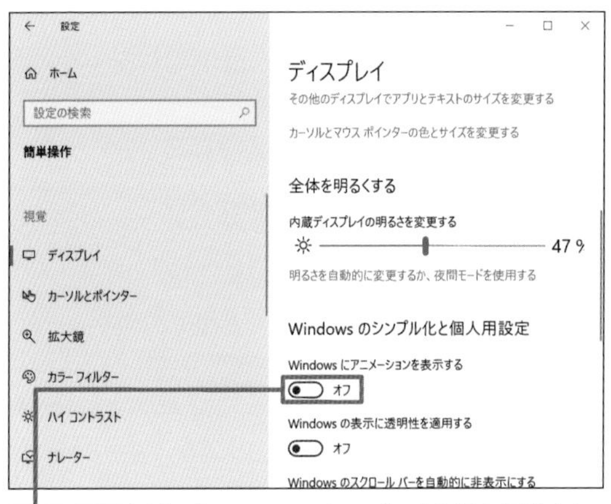

2 画面右側の「Windowsのシンプル化と個人用設定」のところにある「Windowsにアニメーションを表示する」のスイッチをオフにする。

画面の一部が透明に表示されて何だか使いにくい……

透明効果をオフにすればスッキリ表示できる

スタートメニューやタスクバー、設定画面の一部などがうっすらと透明に表示されることがあります。これは、**画面の透明効果が適用**されているためです。しかし、背面が透けて見えるのは、何となく使いにくいという人もいるでしょう。

そんなときは、**設定から透明効果をオフにすれば、スッキリと見やすくなります。**透明効果は見た目の装飾のためにあるものなので、無効にしてもパソコン自体の機能には影響がありません。

透明効果のオン・オフは、設定の「簡単操作」から行えるようになっています。スイッチを切り替えるだけなので、不要だと感じたらオフにしておきましょう。

スッキリ度 65%

透明効果を無効にする

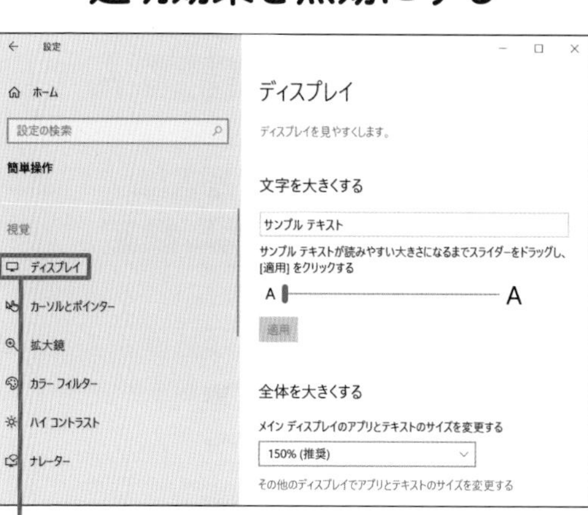

1 Windows 10の「設定」→「簡単操作」→「ディスプレイ」をクリックする。

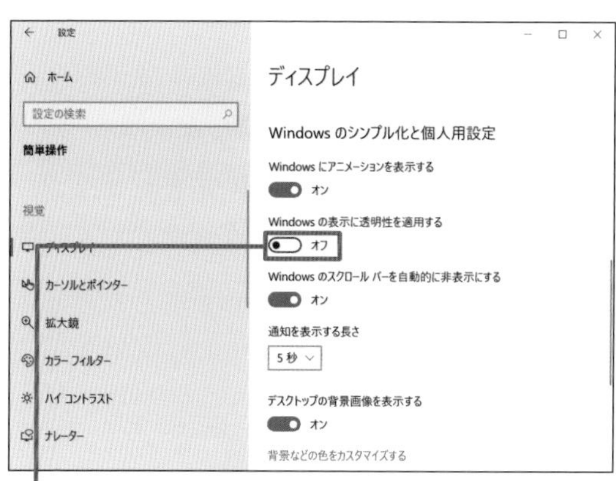

2 画面右側の「Windowsのシンプル化と個人用設定」のところにある「Windowsの表示に透明性を適用する」のスイッチをオフにする。

勝手にウィンドウをリサイズしないでほしい！スナップ機能なんていらない！

イライラするときはスナップを無効に設定

ウィンドウを画面の端や四隅にドラッグすると、**「スナップ」**という機能が動作して、**リサイズと整列**をしてくれます。しかし、ウィンドウを少し動かそうとしただけなのに、うっかりスナップが動作してしまうこともあります。こうなると、いちいちサイズや位置を直さなくてはならないため、非常に作業が煩わしくなります。

スナップはWindows 10を代表する機能ですが、正直言ってあまり使う場面はありません。**意図しないスナップにイライラするときは、スナップ自体を無効にしましょう。**無効にしておけば、ウィンドウを画面の端にドラッグしても、勝手にリサイズや整列されることがありません。ストレスもなくなり、仕事もスムーズにはかどるでしょう。

スッキリ度 80%

スナップ機能を無効にする

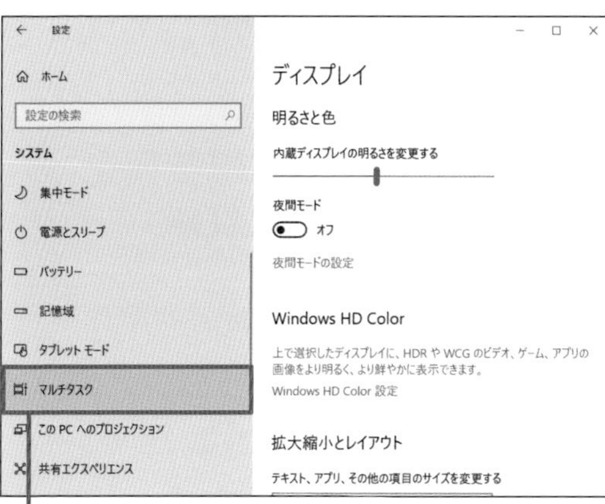

1 Windows 10の「設定」→「システム」→「マルチタスク」をクリックする。

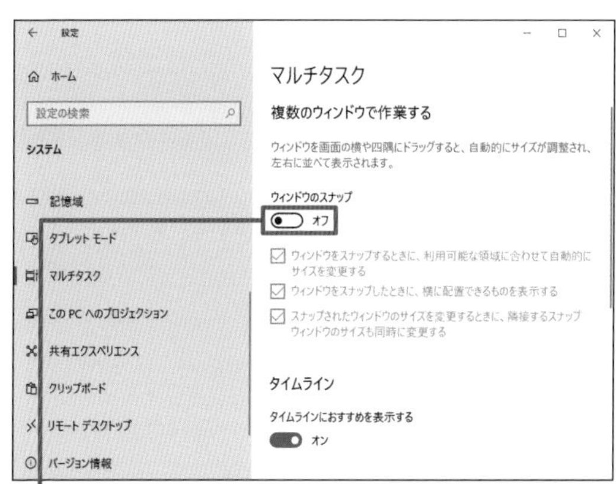

2 画面右側の「複数のウィンドウで作業する」のところにある「ウィンドウのスナップ」のスイッチをオフにする。

デスクトップのアイコンを勝手に整列しないで！

自動整列と等間隔整列をオフにすればOK

パソコンのデスクトップに並んでいるアイコンは、**初期状態では自動的かつ等間隔に整列する**ようになっています。勝手に整列してくれるので大変便利な機能ですが、アイコンを好きな位置に動かすことができません。アイコンをドラッグして動かそうとしても、元の位置に戻ってしまうのです。シチュエーションによっては、アイコンをデスクトップの真ん中付近に配置したり、アイコン同士の間隔を広げたいときもあります。

そんなときは、**デスクトップを右クリックし、自動整列と等間隔整列の設定をオフにしましょう。これで任意の位置に自由にアイコンを動かせるようになる**ので、配置にこだわりがある人にもオススメです。

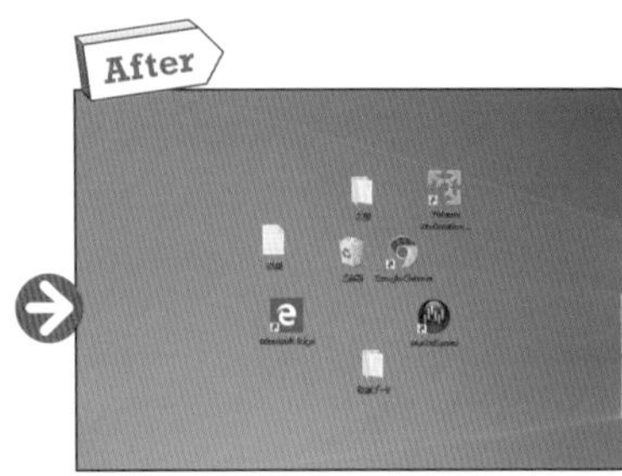

アイコンの自動整列と等間隔整列をオフにする

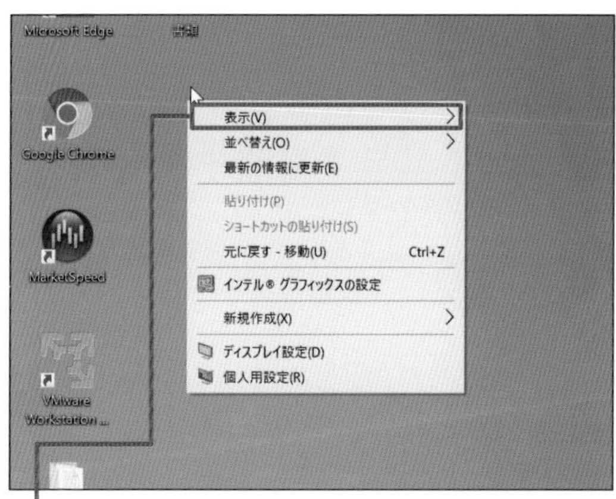

1 デスクトップ上の何もないところを右クリックし、「表示」にマウスポインターを合わせる。

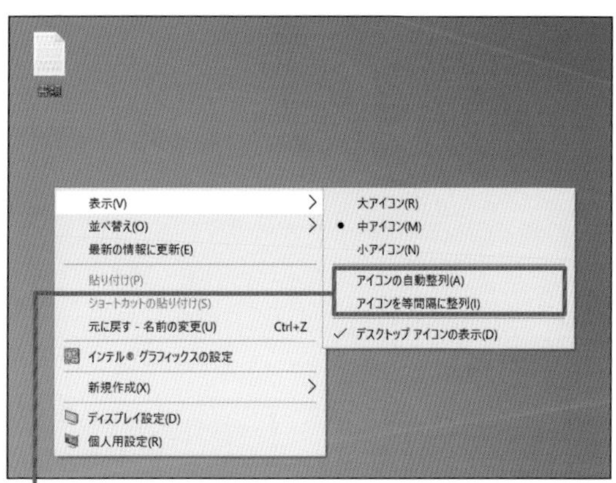

2 表示された項目の「アイコンの自動整列」「アイコンを等間隔に整列」を選択してチェックをオフにする。なお、任意の場所にきれいに並べたいときは「アイコンを等間隔に整列」はオンにしておこう。

バックグラウンドでアプリが勝手に動いている！

「バックグラウンドアプリ」の設定を見直す

パソコンのアプリの中には、起動して作業をしていないときでも裏側の領域で動作しているものがあります。これらは**「バックグラウンドアプリ」**と呼ばれています。多くの場合は、最新情報の更新などが行われているのですが、あまりに**バックグラウンドアプリの数が多いと、それだけパソコンに負担がかかり、動作が遅くなるなどパフォーマンスが低下する可能性もあります。不要なバックグラウンドアプリは、なるべくオフにしておきましょう。**

バックグラウンドアプリの設定は、「設定」→「プライバシー」→「バックグラウンドアプリ」で行います。ここでバックグラウンドでの実行を許可するかどうか、アプリごとに設定が可能です。

スッキリ度 60%

不要なバックグラウンドアプリをオフにする

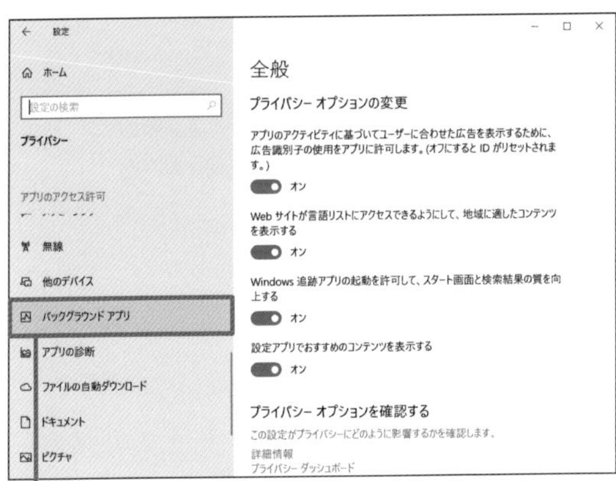

1 Windows 10の「設定」→「プライバシー」→「バックグラウンドアプリ」をクリックする。

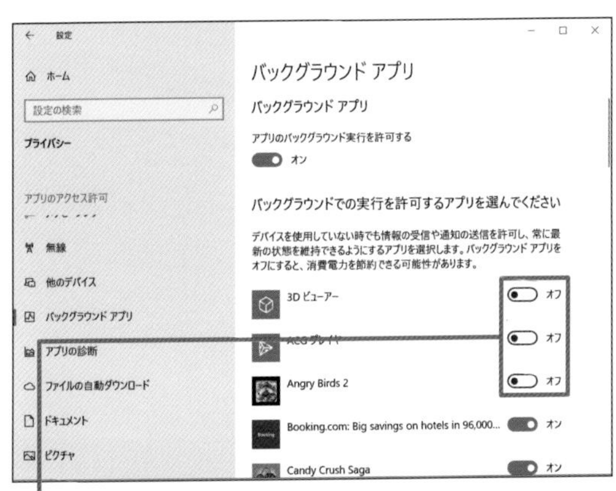

2 バックグラウンドで実行させたくないアプリのスイッチを「オフ」に切り替えられる。なお、安全に関わる「Windows セキュリティ」は、オフにしないようにしよう。

よけいな表示はムダ！「よく使うアプリ」を表示したくない！

「よく使うアプリ」は簡単に非表示にできる

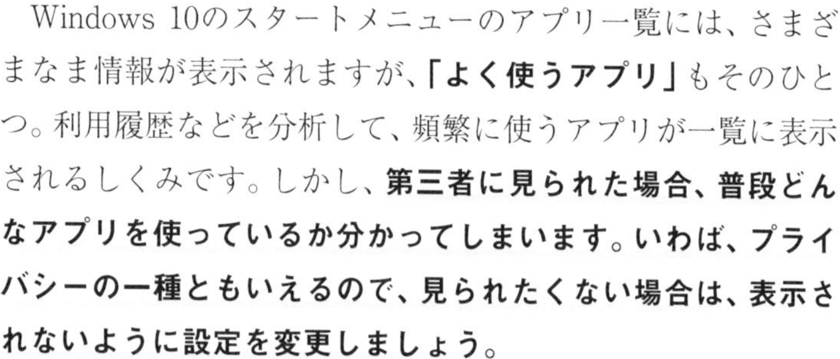

Windows 10のスタートメニューのアプリ一覧には、さまざまなま情報が表示されますが、**「よく使うアプリ」**もそのひとつ。利用履歴などを分析して、頻繁に使うアプリが一覧に表示されるしくみです。しかし、**第三者に見られた場合、普段どんなアプリを使っているか分かってしまいます。いわば、プライバシーの一種ともいえるので、見られたくない場合は、表示されないように設定を変更しましょう。**

「よく使うアプリ」は、「設定」→「個人用設定」→「スタート」で、簡単に非表示に切り替えることができます。設定をオフにしておけば、以降は「よく使うアプリ」が表示されることはありません。ムダな表示がなくなることで、メニューの見た目もスッキリします。

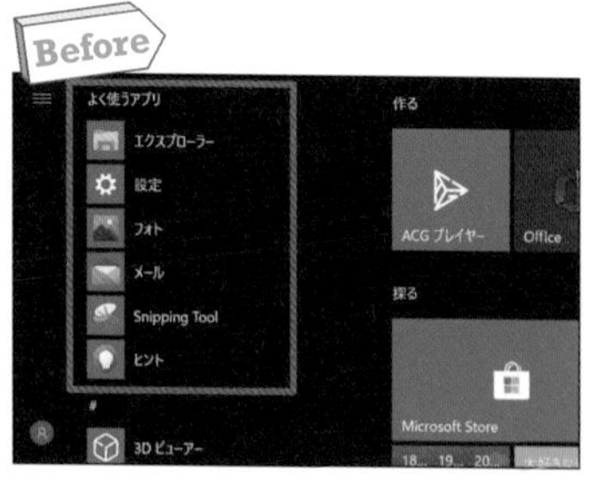

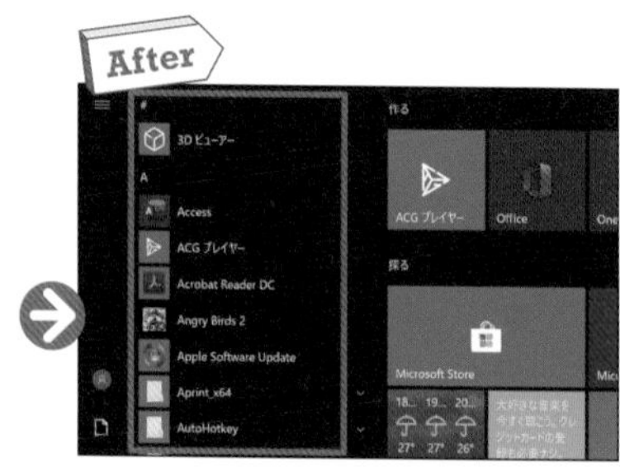

「よく使うアプリ」が表示されないようにする

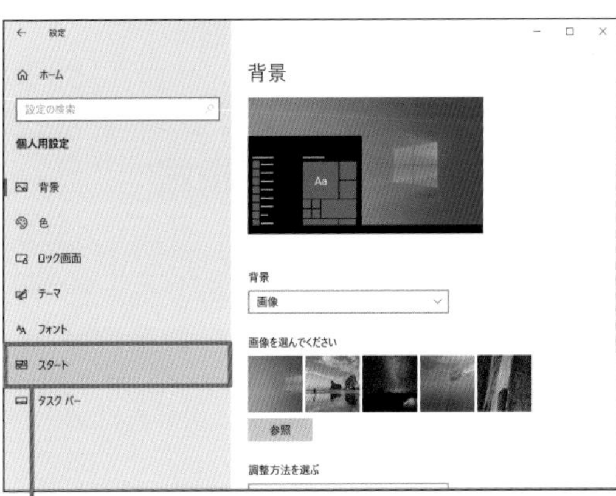

1 Windows 10の「設定」→「個人用設定」→「スタート」をクリックする。

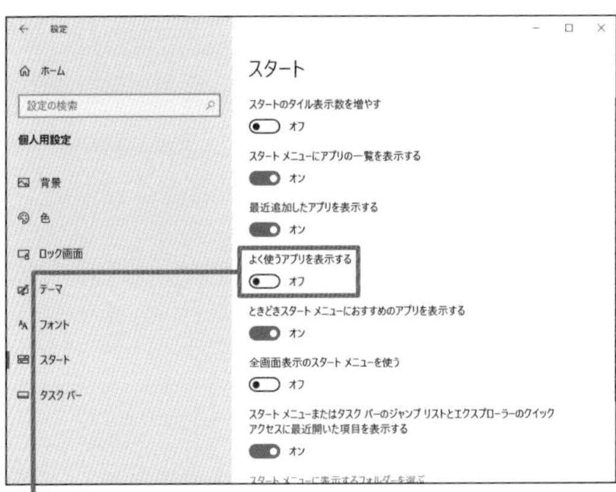

2 右側に表示された項目の「よく使うアプリを表示する」のスイッチをオフに切り替えればいい。

スタートメニューに表示するフォルダーを変更したい！

「スタート」の設定で表示するフォルダーを指定

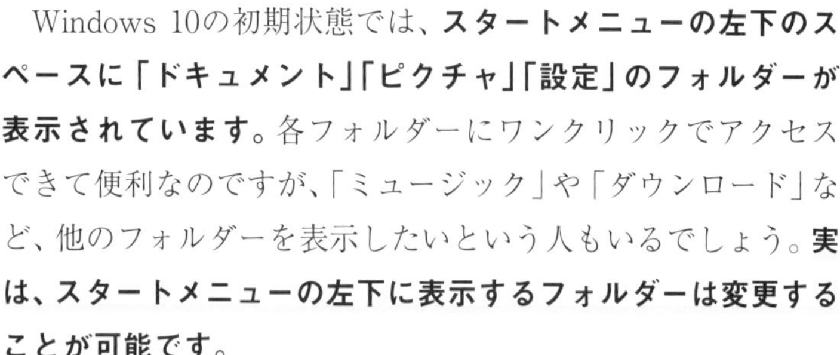

Windows 10の初期状態では、**スタートメニューの左下のスペースに「ドキュメント」「ピクチャ」「設定」のフォルダーが表示されています。**各フォルダーにワンクリックでアクセスできて便利なのですが、「ミュージック」や「ダウンロード」など、他のフォルダーを表示したいという人もいるでしょう。**実は、スタートメニューの左下に表示するフォルダーは変更することが可能です。**

頻繁に使用するフォルダーを追加しておけば、素早くアクセスできるようになります。逆にあまり使わないフォルダーは非表示にできるので、自分好みにカスタマイズしましょう。変更は、「設定」→「個人用設定」→「スタート」から行います。

スタートメニューに表示するフォルダーを変更する

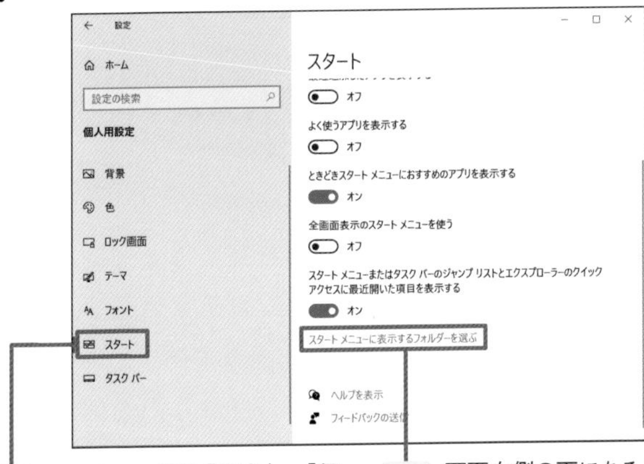

1 Windows 10の「設定」→「個人用設定」→「スタート」をクリックする。

2 画面右側の下にある「スタートメニューに表示するフォルダーを選ぶ」をクリック。

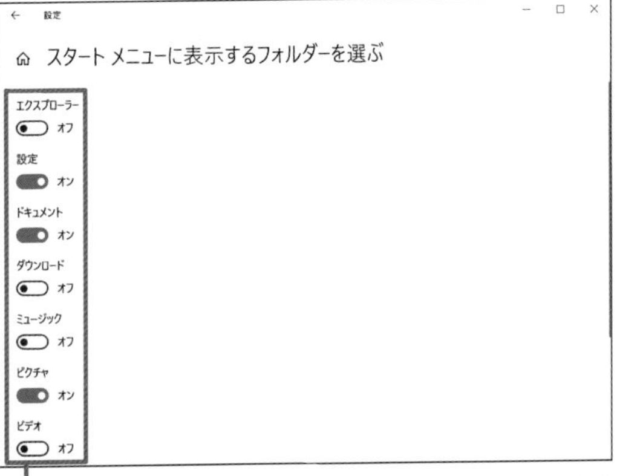

3 表示された画面で表示したいフォルダーのスイッチをオンに、非表示にしたいフォルダーのスイッチをオフに切り替えればいい。

ロック画面には好きな背景を常に表示したい！

好きな画像が表示されるように設定を変更

Windows 10では、**ロック画面に切り替えるとインターネット経由で多彩な背景画像がランダムに表示される**ようになっています。これは、**「Windowsスポットライト」**という機能によるものです。ロック画面の背景にこだわりのない人はこれで問題ないのですが、お気に入りの画像をいつも表示したいという人もいるでしょう。そんなときは、背景の設定を変更して、好きな画像が常に表示されるようにしましょう。

ロック画面の背景を変更するには、「設定」→「個人用設定」→「ロック画面」で行います。あらかじめ用意されている画像に加え、パソコン内に保存している自分の画像を使うことも可能です。

ロック画面の背景を好きな画像に変更する

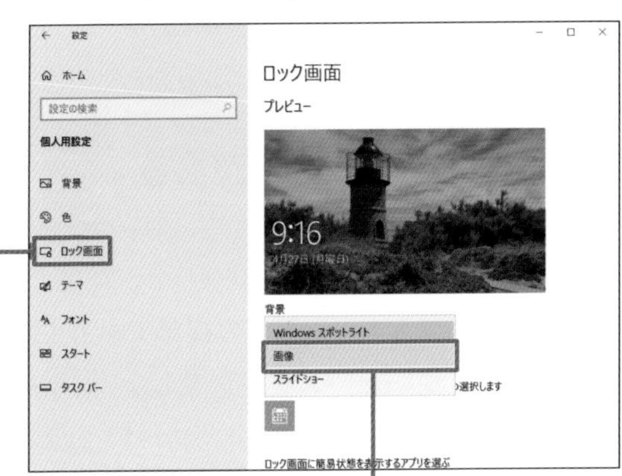

1 Windows 10の「設定」→「個人用設定」→「ロック画面」をクリック。

2 「背景」の下のメニューをクリックして、項目から「画像」を選択する。

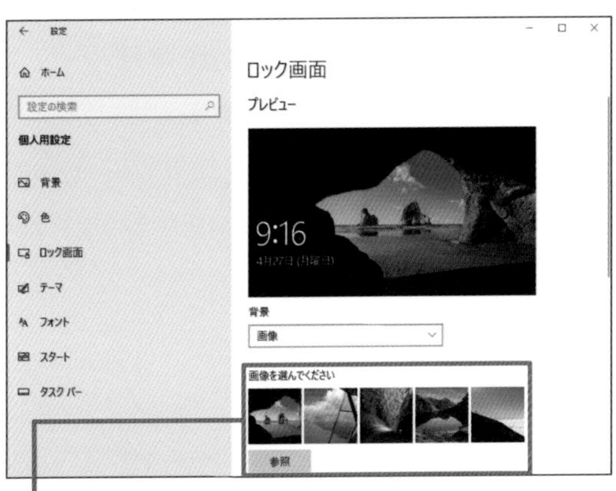

3 「画像を選んでください」から好きな画像をクリックするか、「参照」をクリックしてパソコン内の任意の画像を指定すればいい。

「フォト」が使いにくい！以前の「Windowsフォトビューアー」ってどうなったの？

Windowsフォトビューアーを復活させる方法がある

Windows 10の写真閲覧アプリは「フォト」が標準です。しかし、やや動作が遅い印象もあり、**以前の標準である「Windowsフォトビューアー」を使いたい人も多いでしょう。**Windows 7または8.1から10にアップグレードした場合は、引き続きフォトビューアーが使えます。しかし、Windows 10のパソコンを新たに導入した場合などは、フォトビューアーが選べません。

そこでオススメなのが、「Restore Windows Photo Viewer to Windows 10」というアプリ。これを使うと、Windowsフォトビューアーを復活させてくれます。使い方は、起動後に「Restore Windows Photo Viewer」をクリックするだけ。あとはWindows 10の「既定のアプリ」の設定から、「Windowsフォトビューアー」を選べばOKです。

スッキリ度 65%

「Windowsフォトビューアー」を使えるようにする

「Restore Windows Photo Viewer to Windows 10」
[ダウンロード先URL] http://www.authorsoft.com/restore-windows-photo-viewer.html

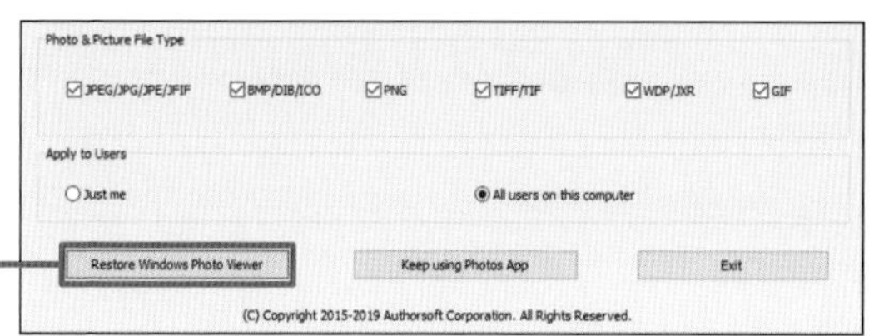

1 「Restore Windows Photo Viewer to Windows 10」をインストールして起動。表示された画面で「Restore Windows Photo Viewer」をクリック。確認画面が表示されたら「OK」をクリックする。そのまま画面を閉じて終了しよう。

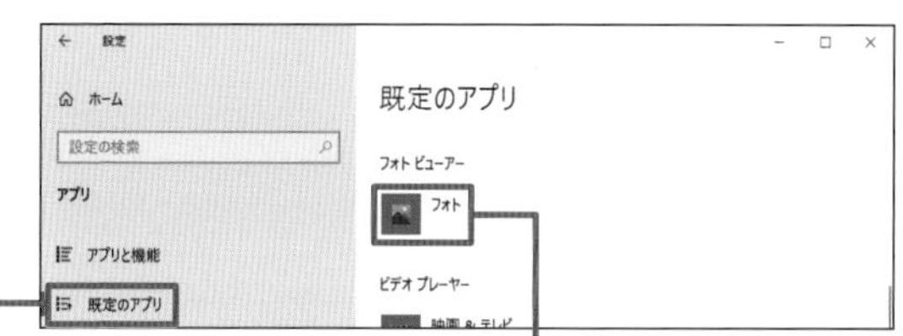

2 続いてWindows 10の「設定」→「アプリ」→「既定のアプリ」をクリック。

3 画面右に表示された既定のアプリ一覧の「フォトビューアー」の下の「フォト」をクリック。

4 選択可能なリストが表示されるので、「Windowsフォトビューアー」をクリックすればいい。これで、写真をダブルクリックすると、自動的にWindowsフォトビューアーが起動する。

Microsoft IMEの入力モードを切り替えると、「あ」や「A」が表示されてうっとうしい！

切り替え時の表示を消してスッキリ！

「Microsoft IME（アイエムイー）」は、Windowsの日本語入力システムです。初期状態では、**ひらがな、半角英数など入力モードを切り替えると、そのつど「あ」や「A」が画面上に大きく表示されます。**この表示はすぐに消えるのですが、切り替えのたびにいちいち表示されるのでは、うっとうしくてたまりません。**不要なときは、Microsoft IMEの設定を変更して非表示にしておきましょう。**

設定の変更は、タスクトレイの通知領域にあるMicrosoft IMEのアイコンを右クリックし、「プロパティ」から行います。この中にある「IME入力モード切替の通知」の「画面中央に表示する」をオフにすればOKです。ムダな表示がなくなり、スッキリと作業ができるはずです。

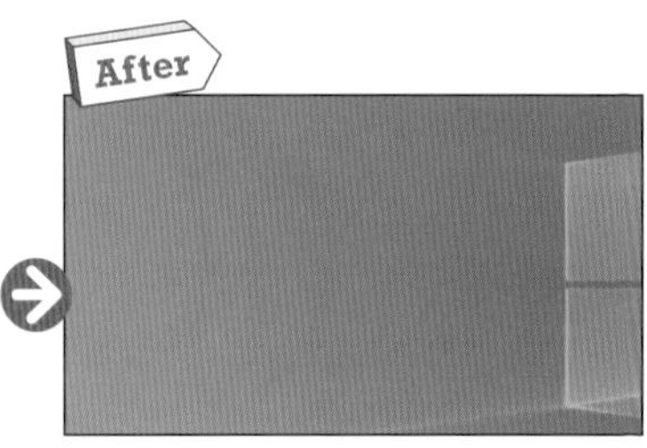

入力モードの切り替え通知をオフにする

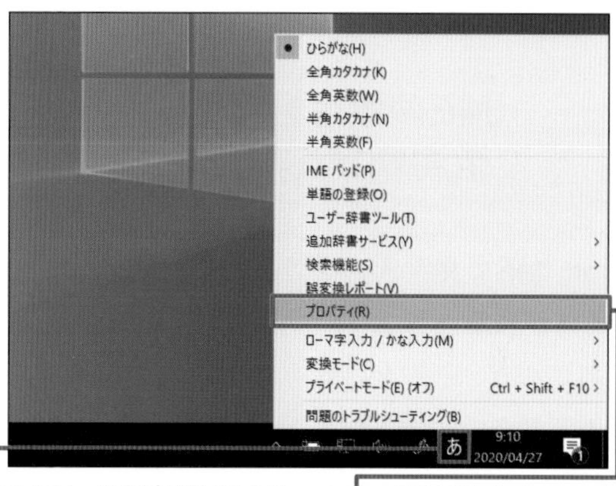

1 タスクトレイの通知領域にあるMicrosoft IMEのアイコン（この例では「あ」）を右クリック。

2 表示されたメニューから「プロパティ」をクリックする。

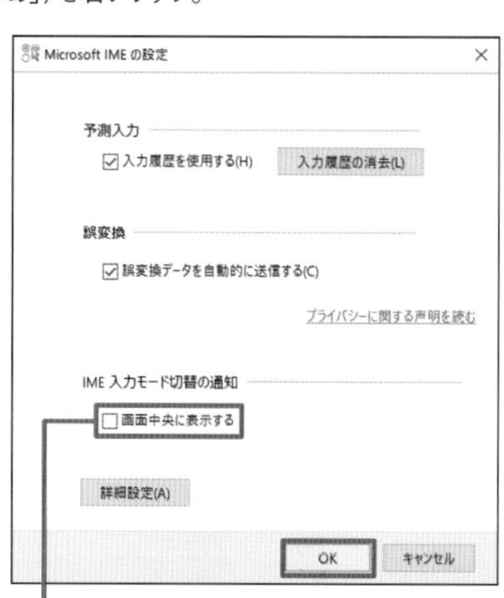

3 設定画面が表示されるので、「IME入力モード切替の通知」の「画面中央に表示する」のチェックをオフにし、「OK」をクリックすればいい。

予測入力がうっとうしい！ Microsoft IMEの入力履歴を保存しないで！

IMEの設定を変更して予測候補を非表示に

Microsoft IMEで文字入力を行うと、過去の入力履歴を参考に、予測候補が表示されます。目的の語句がいつもこの中にあればいいのですが、そうとは限りません。不必要なタイミングで頻繁に表示されるのは、かえって邪魔に感じることもあります。また、予測候補が第三者に見られると、普段どんな言葉をよく使っているか推測されかねません。知られたところで実害はないかもしれませんが、あまり気持ちのいいものではありません。**予測候補がおせっかいだと思う場合は、IMEの設定を変更すれば非表示にできます。**

設定方法は、Microsoft IMEのプロパティを開き、ここにある「予測候補」の「入力履歴を使用する」をオフにするだけ。以降は入力時に予測候補が表示されなくなります。

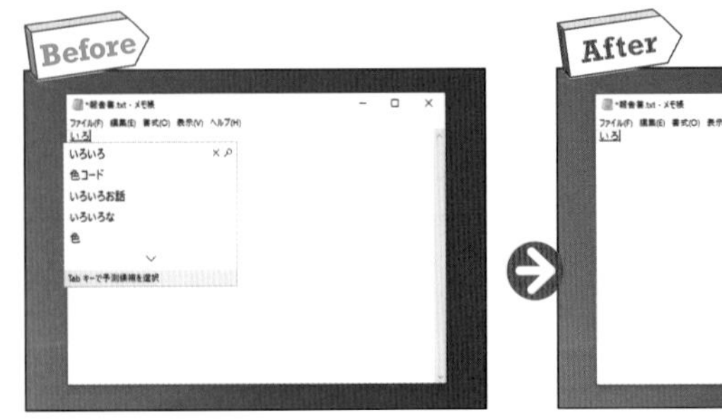

スッキリ度 70%

入力時の予測候補が表示されないようにする

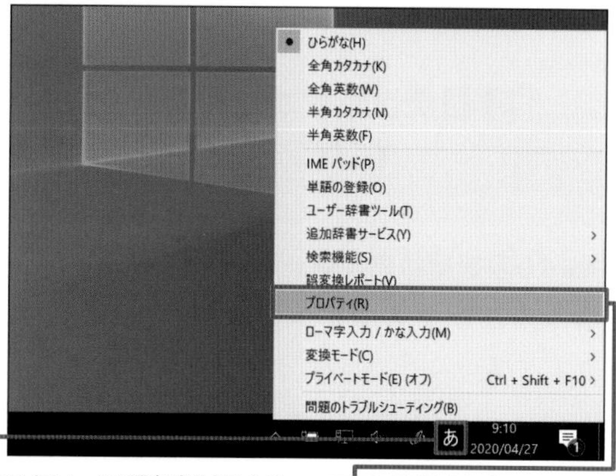

1 タスクトレイの通知領域にあるMicrosoft IMEのアイコン（この例では「あ」）を右クリック。

2 表示されたメニューから「プロパティ」をクリックする。

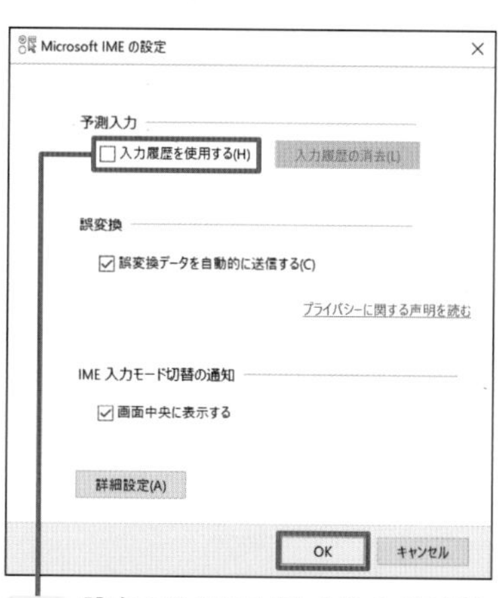

3 設定画面が表示されるので、「予測入力」の「入力履歴を使用する」のチェックをオフにし、「OK」をクリックすればいい。

初期状態で表示されているアイコンのチェックボックスが使いにくい！

「項目チェックボックス」をオフにする

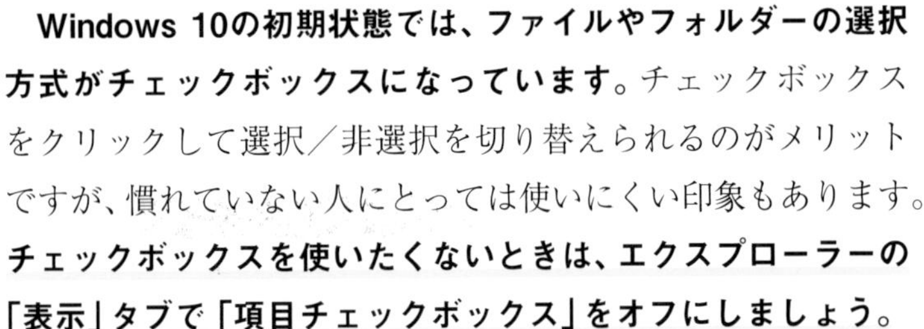

Windows 10の初期状態では、ファイルやフォルダーの選択方式がチェックボックスになっています。チェックボックスをクリックして選択／非選択を切り替えられるのがメリットですが、慣れていない人にとっては使いにくい印象もあります。**チェックボックスを使いたくないときは、エクスプローラーの「表示」タブで「項目チェックボックス」をオフにしましょう。**

項目チェックボックスがオフになると、ファイルやフォルダーの選択は、通常のシングルクリック（クリック1回）で行う方式になります。こちらのほうが一般的なので、初心者にも操作しやすくなるでしょう。

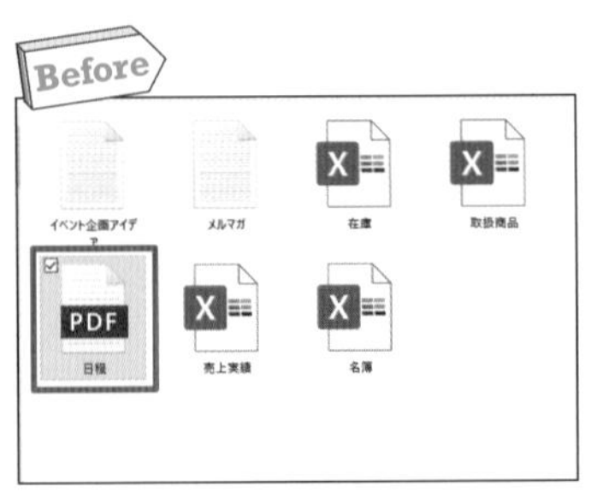

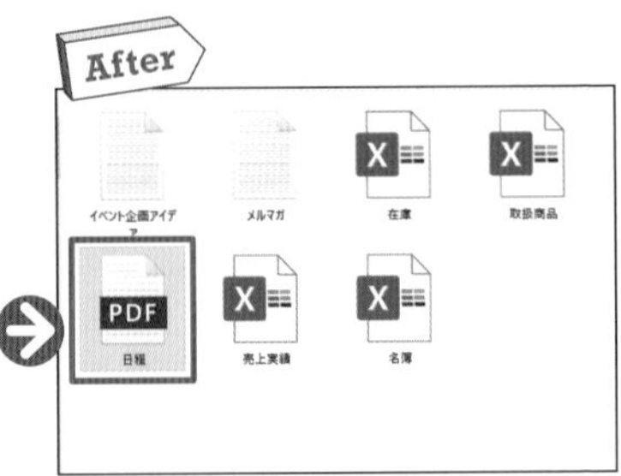

エクスプローラーのチェックボックスを無効にする

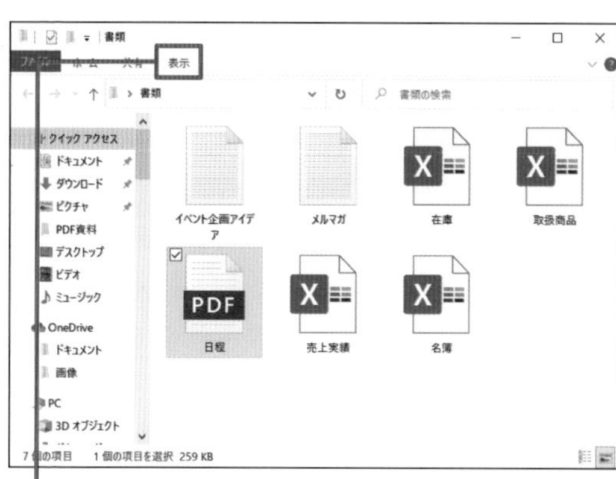

1 エクスプローラーを開いて、「表示」タブをクリックする。

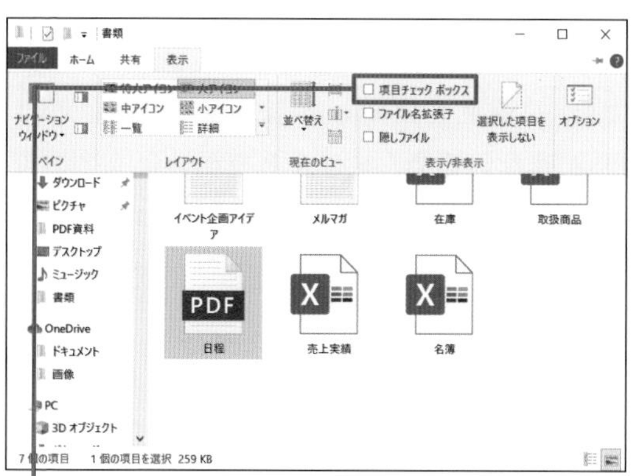

2 表示されたリボンにある「項目チェックボックス」のチェックをオフにする。

タスクバーのアイコンをウィンドウごとに表示したい！

タスクバーの設定を変更すればOK

Windows 10の初期状態では、タスクバーのボタンが、アプリごとに1つのアイコンとして表示されます。しかし、同じアプリで複数のウィンドウを開いているときも、1つのアイコンとしてまとめて表示されてしまいます。これでは、ウィンドウタイトルが分からないため、いちいちプレビューで確認する手間があります。

そんなときは、**アイコンがウィンドウごとに表示されるようにタスクバーの設定を変更しましょう。こうしておけばアイコンが結合されないため、きちんとラベル付きで表示されます。**ひと目でウィンドウタイトルが分かり、クリックもしやすくなります。結果として、ウィンドウの表示や最小化、切り替えなどの操作も快適になります。

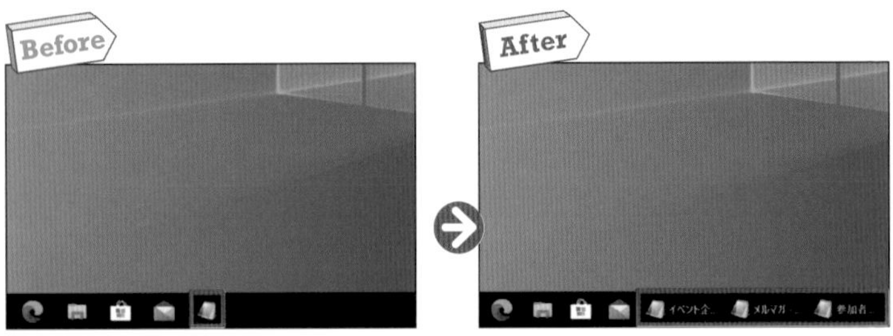

タスクバーボタンを「結合しない」に設定する

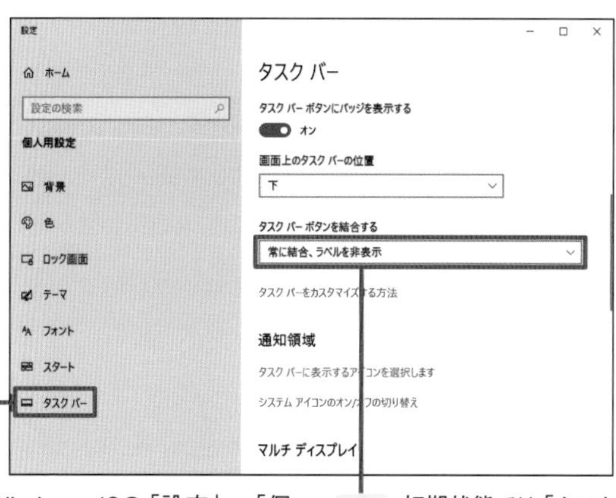

1 Windows 10の「設定」→「個人用設定」→「タスクバー」をクリック。

2 初期状態では「タスクバーボタンを結合する」が「常に結合、ラベルを非表示」になっているので、変更するためにここをクリック。

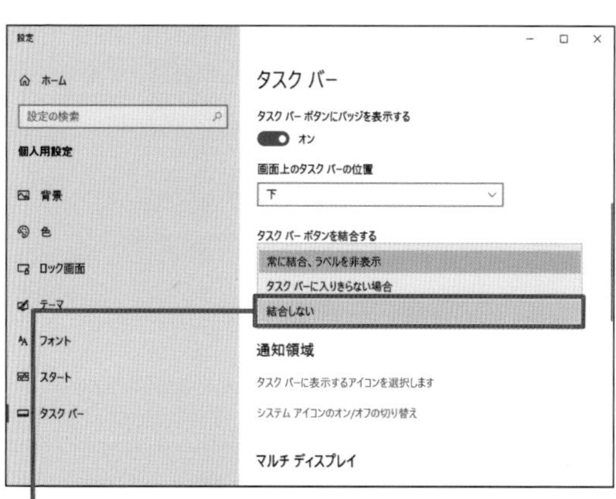

3 表示された項目から、「結合しない」を選択すればOK。

31 通知領域のアイコンを勝手に隠さないで！

タスクバーの設定で表示対象を選べる

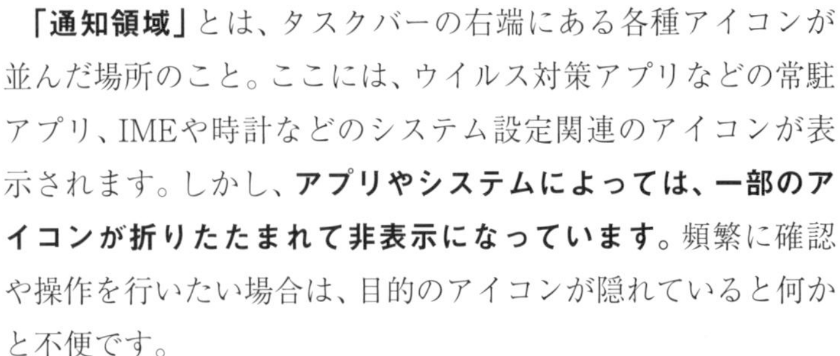

「通知領域」とは、タスクバーの右端にある各種アイコンが並んだ場所のこと。ここには、ウイルス対策アプリなどの常駐アプリ、IMEや時計などのシステム設定関連のアイコンが表示されます。しかし、**アプリやシステムによっては、一部のアイコンが折りたたまれて非表示になっています。**頻繁に確認や操作を行いたい場合は、目的のアイコンが隠れていると何かと不便です。

アイコンを勝手に隠されたくない場合は、タスクバーの設定を変更しましょう。必要なアイコンを選んで常時表示できるようになるので、いちいち折りたたみ部分を展開する手間がなくなります。対象のアプリの表示／非表示を選べるほか、すべてのアイコンを常時表示する設定も可能です。

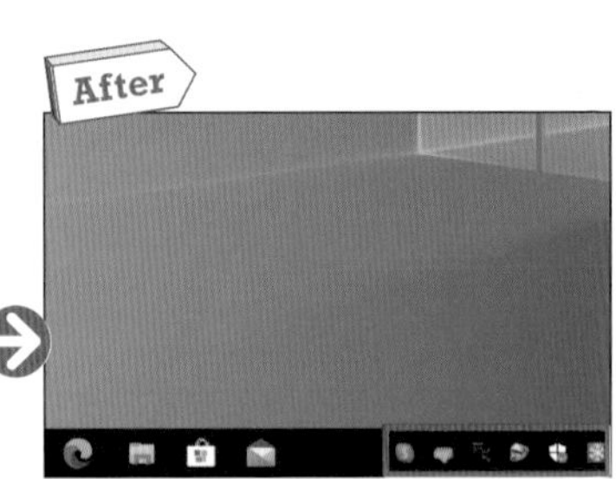

通知領域に表示する対象を設定する

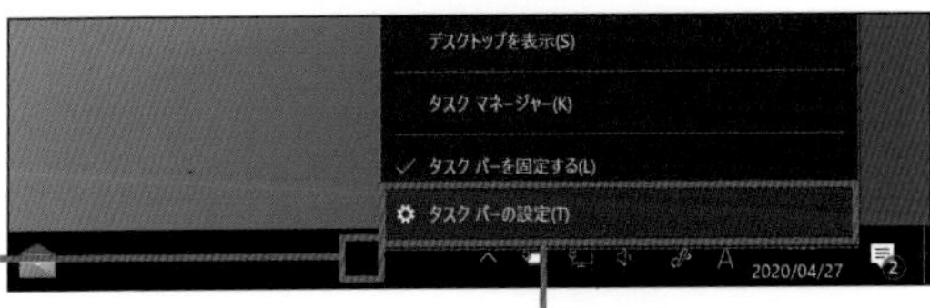

1 タスクバー上の何もないところを右クリックする。

2 表示されたメニューから、「タスクバーの設定」をクリック。

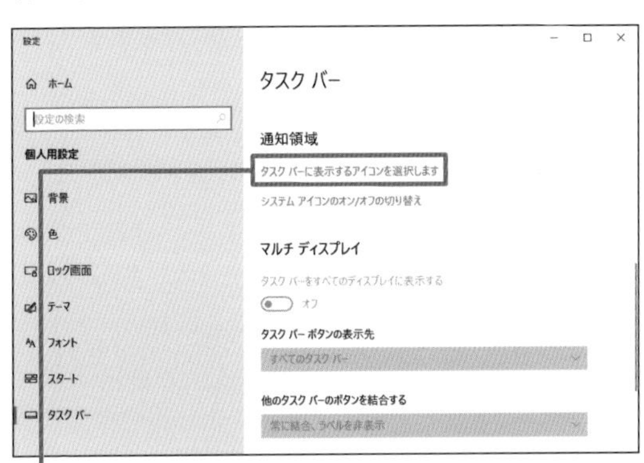

3 表示された画面右側の「タスクバーに表示するアイコンを選択します」をクリック。

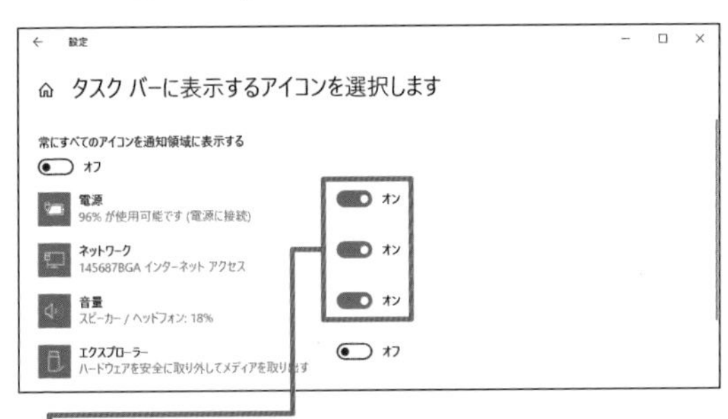

4 対象の一覧から、通知領域に表示したいアイコンのスイッチをオンに切り替えればOKだ。逆に表示したくないものはオフにすればいい。

目からウロコ？　パソコンの常識？

名前の付け方でファイルをスッキリ整理しよう

パソコンに保存しているフォルダーやファイルの数が増えてくると、いざというときになかなか見つけにくくなります。このままでは、パソコンの設定を見直しても、作業効率の低下につながります。そこでおすすめしたいのが、ルールに基づいて規則的に名前を付けること。

まず、フォルダー名は「01_データ」のように、数字・ジャンルの組み合わせにしましょう。自動的に若い番号順にフォルダーが並ぶので、並べ替えの手間が省けます。一方、ファイル名は、「20200825_企画案」のように、日付・内容の組み合わせが便利です。また、もう利用しないフォルダーやファイルは削除するのが基本ですが、将来的に使う可能性がわずかでもあれば、念のためUSBメモリーなどに保存しておくといいでしょう。

とても単純なことですが、ファイル名の付け方ひとつで作業がしやすくなります。ぜひ試してみてください。

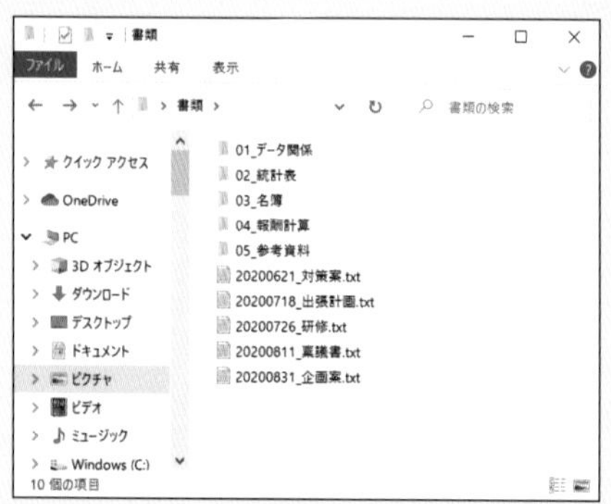

フォルダー名は「番号」＋「ジャンル」で、ファイル名は「日付」＋「内容」で整理しておくと、一覧表示したときに規則的に並んで見つけやすくなる。

操作の初期設定をカスタマイズする

ファイルやフォルダーの操作は、最も頻繁に使うもの。
それだけに、ここが使いにくいと
すべての作業に支障が出かねません。
この章では、既定のアプリ、拡張子、クイックアクセス、
エクスプローラーなどの機能をカスタマイズします。
ちょっと設定を変えるだけで、
作業効率がアップします。

ファイルをダブルクリックしたら、あまり使わないアプリで勝手に開かれる！

ファイルを開く既定のアプリを変える

パソコンのファイルには、その種類に応じて特定のアプリが「既定のアプリ」として関連付けられています。ファイルをダブルクリックすると、アプリで開いてくれるのはこのためです。既定のアプリは、ファイルのアイコンを見ると識別できます。例えば、xlsx形式のファイルには、通常はMicrosoft Excelが関連付けられているため、Excelのアイコンになっているはずです。

この関連付けは、アプリをインストールした際などに自動的に行われます。しかし、**意図しないアプリが勝手に設定されることもあるので、その場合は既定のアプリを変更しましょう。**以降はファイルをダブルクリックするだけで、指定したアプリで開けるようになります。

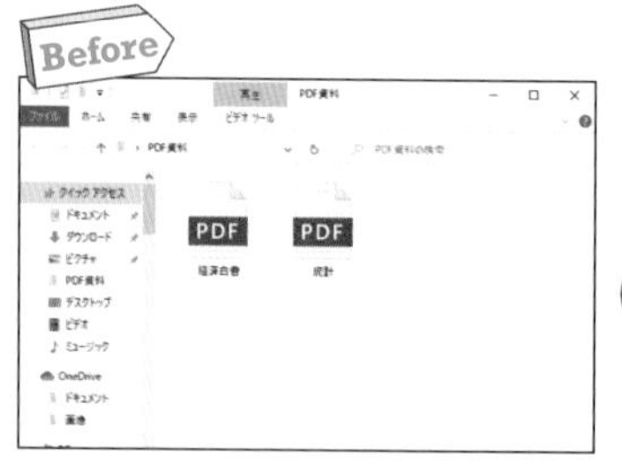

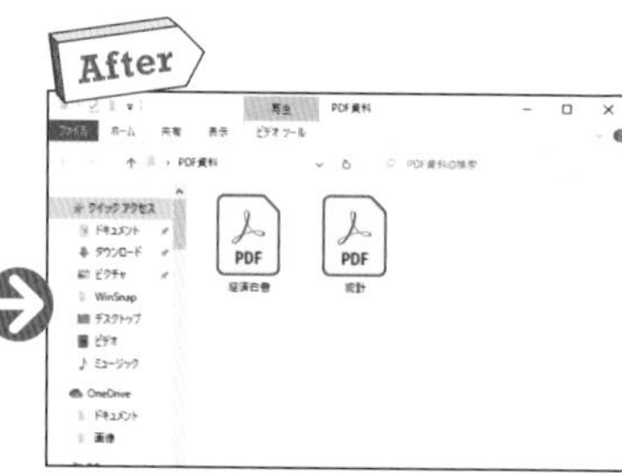

スッキリ度 85%

アプリとの関連付けを変更する

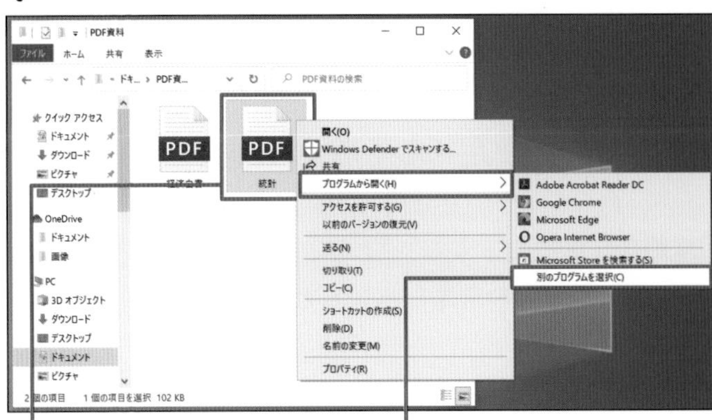

1 関連付けを変更したい種類のファイルを右クリックする。

2 表示されたメニューの「プログラムから開く」→「別のプログラムを選択」をクリックする。

3 「このファイルを開く方法を選んでください」という画面が表示されるので、関連付けたいファイルをクリックする。

4 続いて下にある「常にこのアプリを使って〜ファイルを開く」にチェックを入れ、「OK」をクリックすればいい。

初期状態ではファイルの拡張子が表示されていない！

拡張子は表示する設定にしておくと安心

「拡張子（かくちょうし）」とは、ファイル形式を識別するためにファイル名の末尾に付けられた文字列のこと。例えば「パソコン.txt」というファイル名なら「.」（ピリオド）の後ろの「txt」が拡張子で、txt形式のファイルであることが分かります。また、拡張子があることで不審なファイルを発見しやすくなるメリットもあります。しかし、Windows 10の標準設定では拡張子が非表示に設定されているのです。利便性や安全面を考えると、拡張子は表示しておくことをオススメします。

拡張子を表示するには、エクスプローラーの「表示」タブの「ファイル名拡張子」にチェックを入れるだけでOK。これで、すべてのファイルに常に拡張子が表示されるようになります。

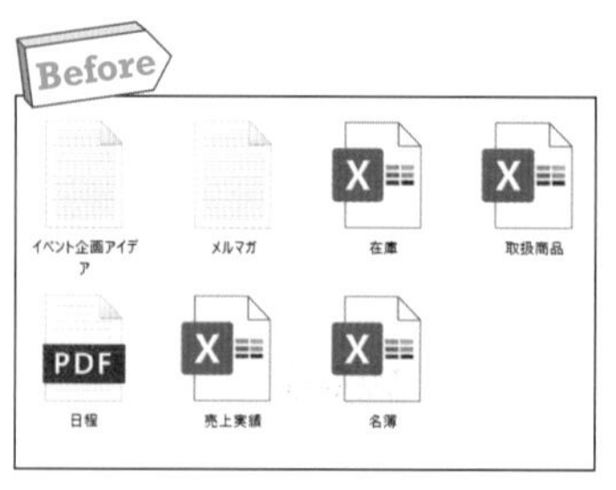

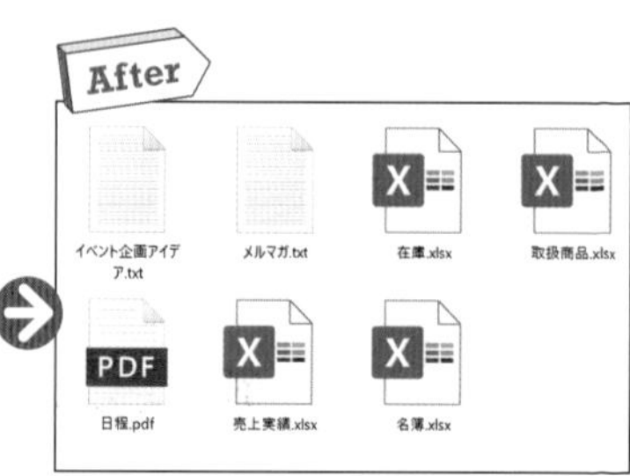

ファイルの拡張子を表示させる

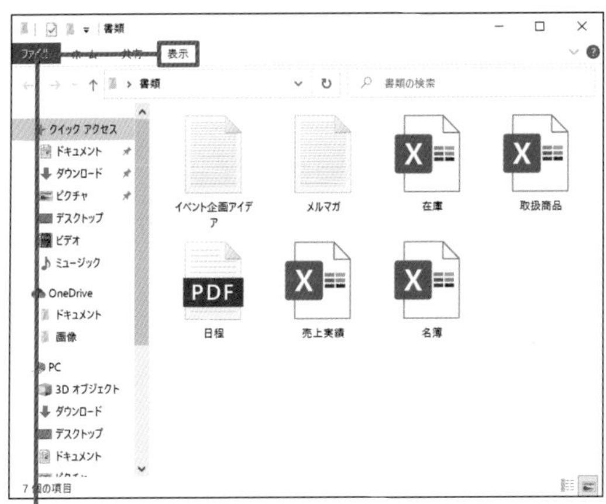

1 エクスプローラーの「表示」タブをクリックする。

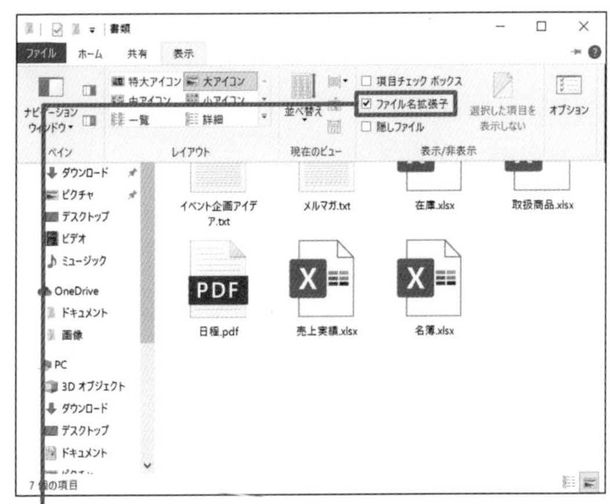

2 表示されたリボンにある「ファイル名拡張子」をクリックしてチェックを入れる。

フォルダーが上書きされるときに警告が表示されない！

うっかり防止のために警告が表示されるようにする

Windows 10の標準設定では、移動先に同じ名前のフォルダーがある場合でも、警告が表示されません。そのまま自動的にフォルダーが上書きされます。最初から上書きするつもりなら、処理を自動化してくれるため非常に便利です。しかし、うっかり同じ名前をフォルダーに付けてしまったときなどは、勝手に上書きされるのは避けたいもの。**このような場合は、エクスプローラーのオプションから設定を変更しておきましょう。上書き時に警告が表示されるようになり、意図しないときはすぐにキャンセルできます。**

設定方法は、エクスプローラーの「表示」タブから「オプション」を開き、「フォルダーの結合の競合を非表示にする」のチェックをオフにします。

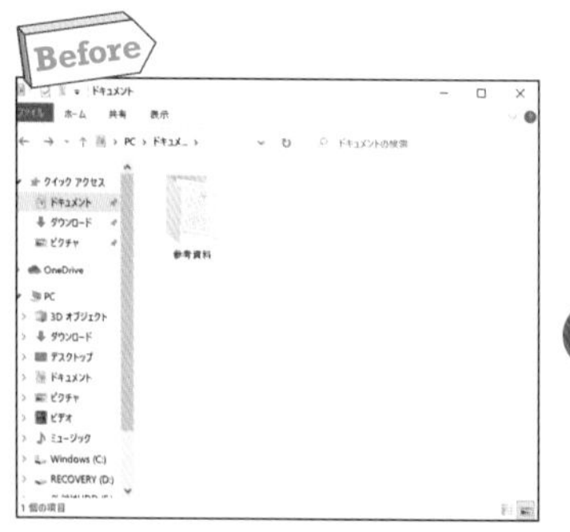

フォルダーの上書き時に警告が表示されるようにする

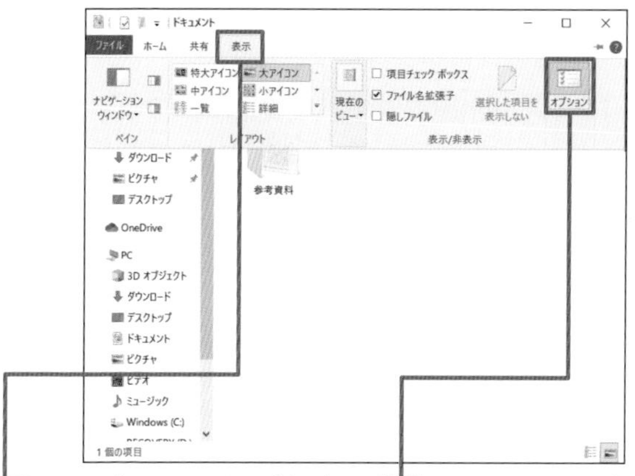

1 エクスプローラーを開き、「表示」タブをクリック。

2 リボンの中にある「オプション」をクリック。

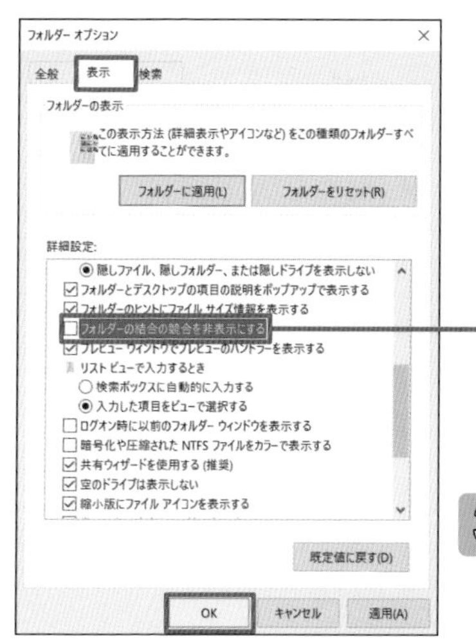

3 オプション画面の「表示」タブを開き、「フォルダーの結合の競合を非表示にする」のチェックをオフにして、「OK」をクリックする。

エクスプローラーを起動したときに勝手にクイックアクセスを開かないで！

「PC」画面が表示されるように設定を変更する

タスクバーからエクスプローラーを起動すると、最初に「クイックアクセス」が表示されます。クイックアクセスには、よく使うフォルダーや、最近使ったファイルの履歴が表示されます。頻繁に使うデータに素早くアクセスできるのがメリットですが、**以前のWindowsのように「PC」の表示のほうが使いやすいという人もいるでしょう。実は、エクスプローラーで最初に表示する場所は変更することが可能です。**

設定方法は、エクスプローラーのオプションの「全般」タブで、「エクスプローラーで開く」を「PC」に変更すればOKです。以降は、エクスプローラーを起動すると、自動的に「PC」画面が表示されるようになります。

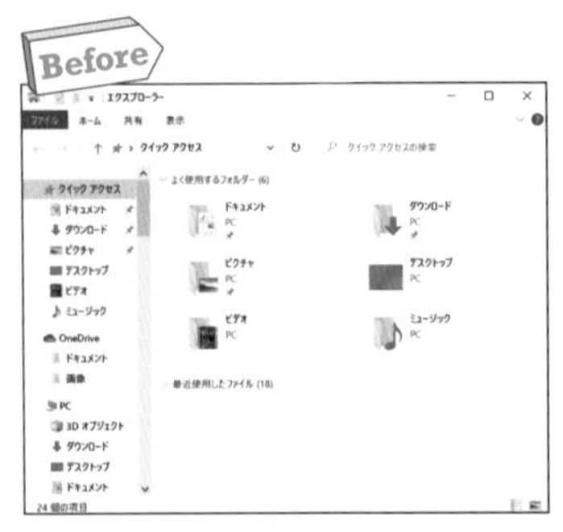

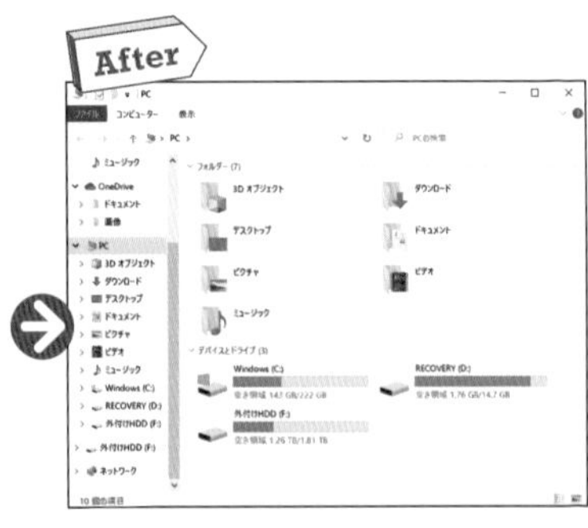

エクスプローラーで開く画面を「PC」に変更する

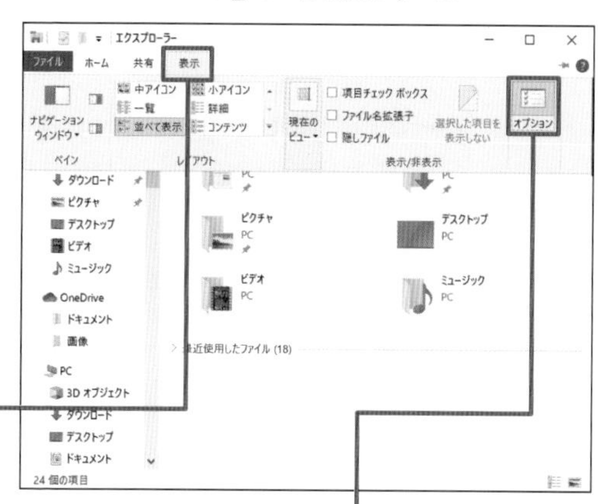

1 エクスプローラーを開き、「表示」タブをクリック。

2 リボンの中にある「オプション」をクリックする。

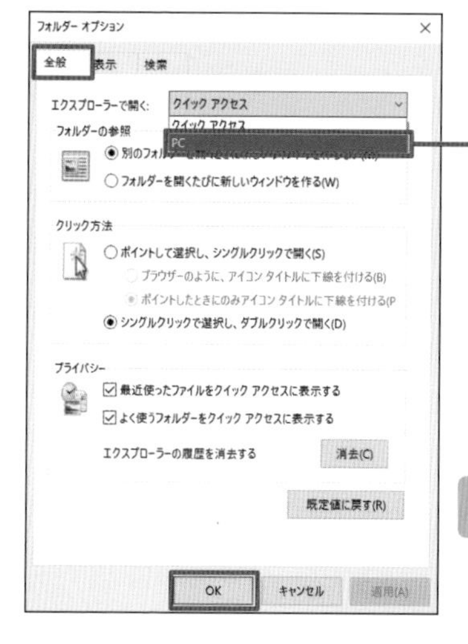

3 「全般」タブの「エクスプローラーで開く」の項目をクリックし、「PC」を選択してから「OK」をクリックする。

クイックアクセスに勝手に自動登録されたくない！

フォルダーのプライバシー表示をオフにする

エクスプローラーの「クイックアクセス」には、使用履歴をもとに、よく使用するフォルダーやファイルが自動的に登録されます。**頻繁に使うデータにスムーズにアクセスできますが、これらの情報は一種のプライバシーともいえます。**第三者に見られれば、どんなフォルダーやファイルを使っているか一目瞭然だからです。他人にあまり知られたくない作業を行っている場合は、表示されたくない人も多いでしょう。

クイックアクセスに登録されたくないときは、フォルダーのオプションで「プライバシー」の項目をオフにしましょう。履歴情報が読み込まれなくなり、クイックアクセスへの自動登録が行われなくなります。なお、必要に応じて残っている履歴情報を消去することも可能です。

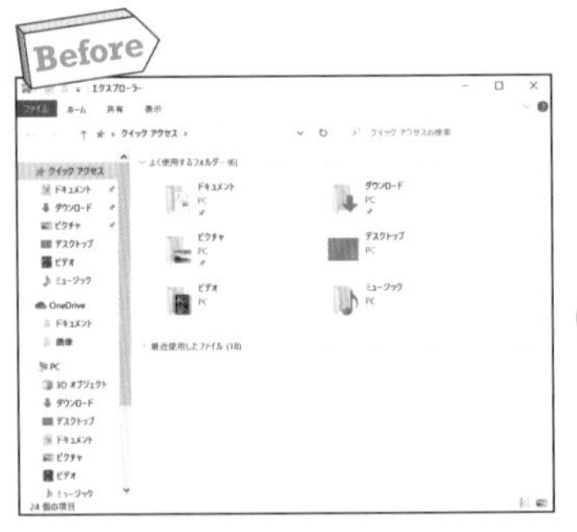

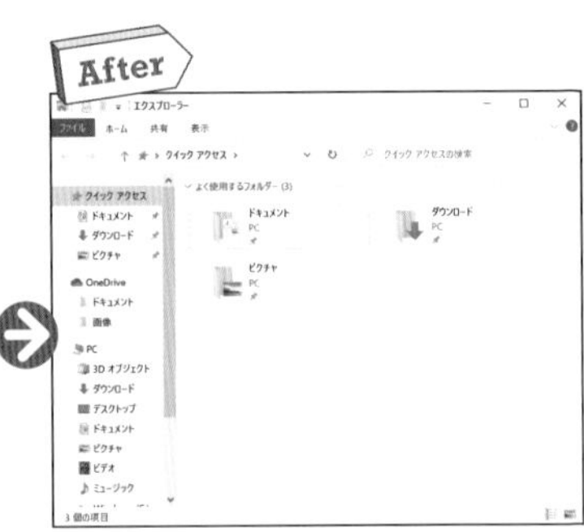

クイックアクセスに自動登録されないようにする

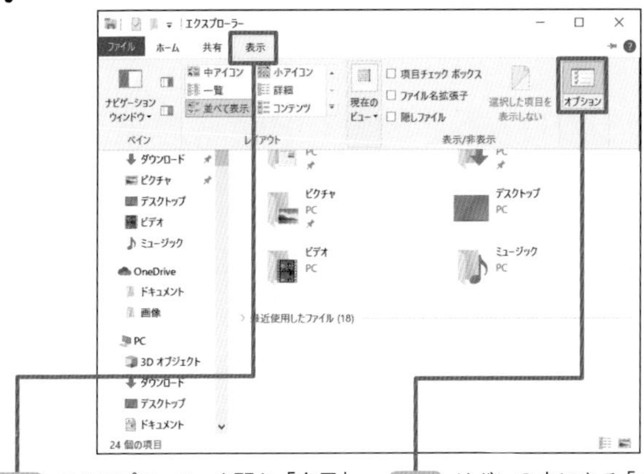

1 エクスプローラーを開き、「表示」タブをクリック。

2 リボンの中にある「オプション」をクリックする。

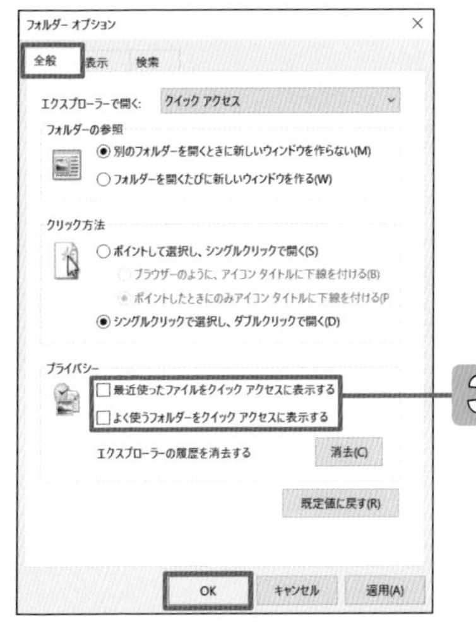

3 「全般」タブの「プライバシー」にある「最近使ったファイルをクイックアクセスに表示する」「よく使うフォルダーをクイックアクセスに表示する」のチェックをそれぞれオフにして、「OK」をクリックすればいい。

エクスプローラーのリボンが、タブをクリックしないと表示されない

ワンクリックで固定して常時表示に

エクスプローラーの初期設定では、メニューのタブをクリックするとリボンが一時表示されます。**あくまでも一時表示なので、操作を行ったあとは非表示に戻ってしまいます。**操作自体には支障がないように見えますが、実はこれも立派なおせっかいです。なぜなら、続けて別の操作をする場合は、もう一度タブをクリックしてリボンを表示する必要があるからです。リボンは簡単に固定できますので、作業の効率性のためにもぜひ常時表示しておきましょう。

リボンの固定方法は、エクスプローラー上部の右端にある「∨」をクリックするだけ。ここをクリックすることで、折りたたまれていたリボンが展開して常時表示されます。なお、再度クリックすれば一時表示に戻すことができます。

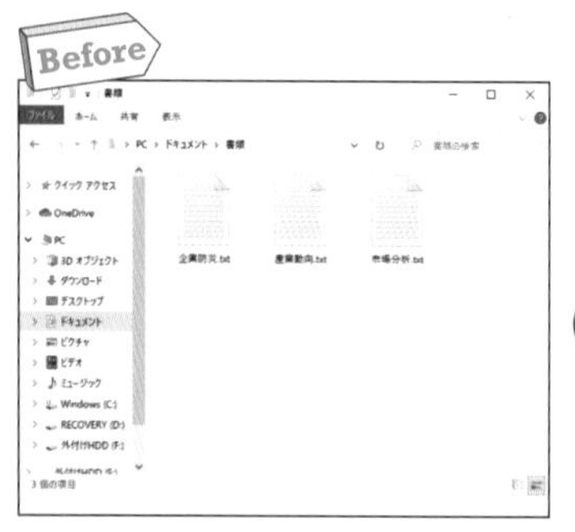

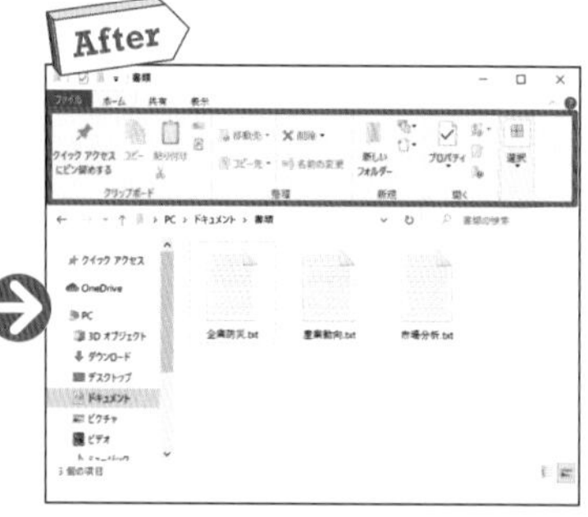

エクスプローラーのリボンを固定表示にする

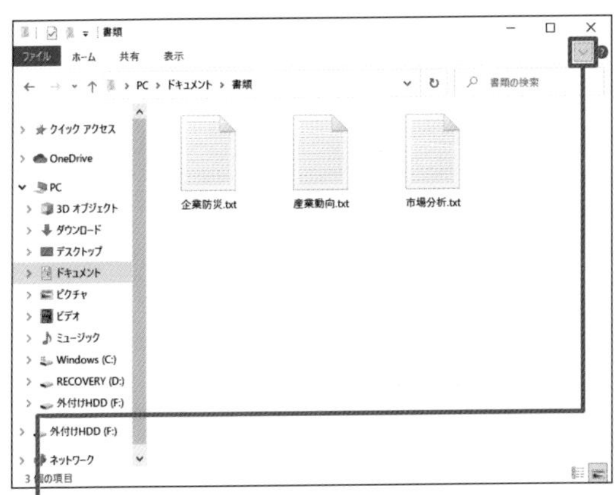

1 エクスプローラーを開き、上部右端にある「∨」をクリックする。

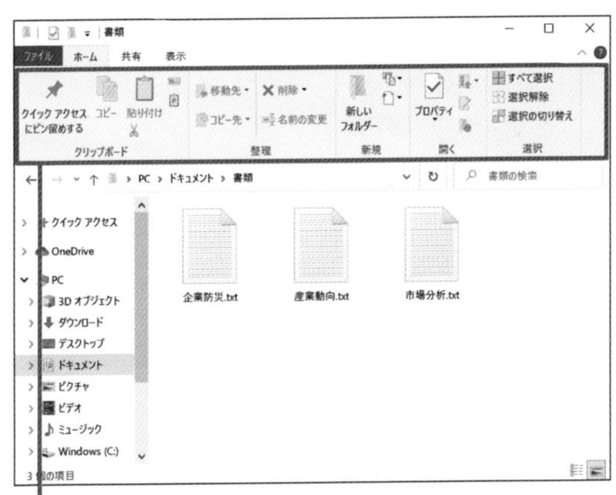

2 リボンが展開して固定表示された。再度折りたたみたいときは、上部右端の「∧」をクリックすればいい。

38 エクスプローラーの検索履歴を残したくない

検索履歴は消去してスッキリ！

エクスプローラーには検索ボックスがあり、ここからフォルダー内のファイルを検索できます。**検索履歴は最新の10件が保存されるようになっています。**検索ボックスをクリックすると自動的に検索履歴が表示され、ワンクリックで履歴を選んで検索することも可能です。しかし、どんなキーワードで検索したかが分かるため、第三者に見られたくないという人も多いと思います。気になる人は、検索履歴を消去しましょう。

検索履歴の消去方法は、何か適当なキーワードで検索を実行したあと、「検索」タブの「最近の検索内容」→「検索履歴のクリア」をクリックすればOK。それまでに保存されていた履歴がすべて消去されるしくみです。

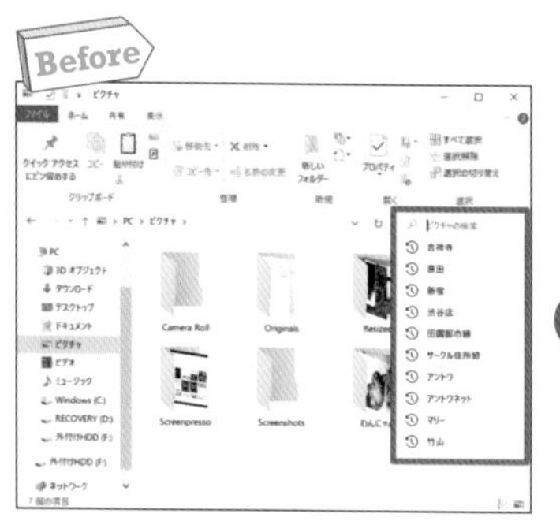

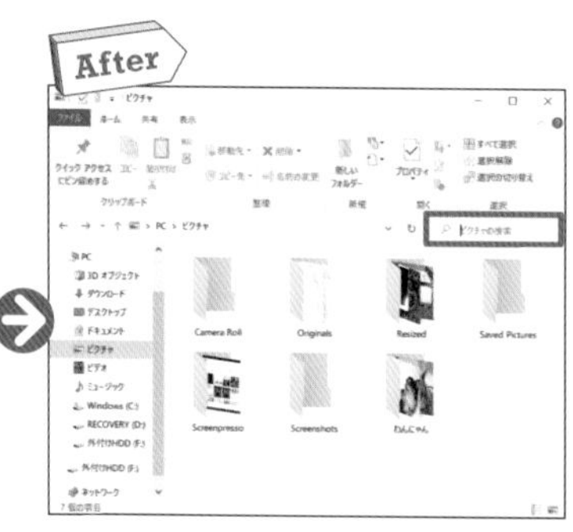

エクスプローラーの検索履歴を消去する

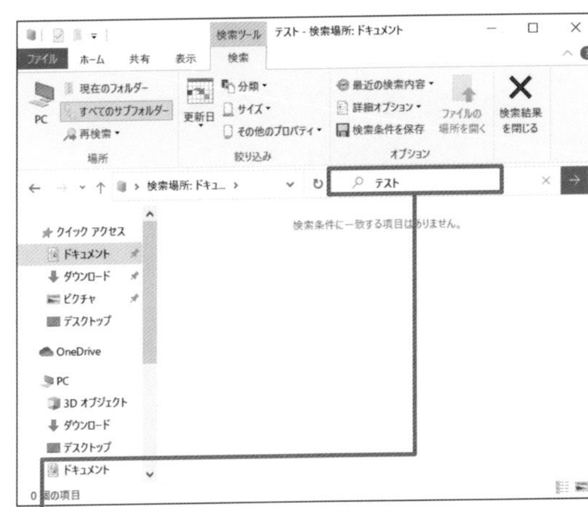

1 エクスプローラーを開き、右下の検索ボックスに何か適当なキーワードを入力して検索を実行する。

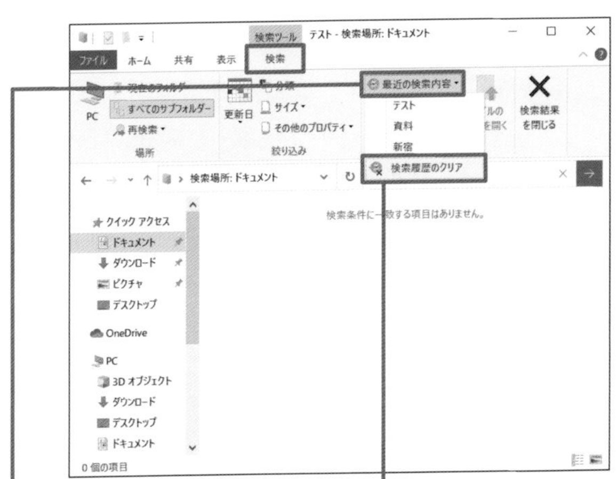

2 リボンが「検索」タブに切り替わるので、この中にある「最近の検索内容」をクリック。

3 項目の中にある「検索履歴のクリア」をクリックすればいい。

圧縮ファイルの中にあるファイルも検索できるようにしたい！

検索対象に圧縮ファイルも含めればOK

エクスプローラーでファイルを検索する場合、初期設定では圧縮ファイルの中が検索対象になっていません。例えば、「管理.zip」という圧縮ファイルの中に「設計データ.txt」というファイルがある場合、「設計データ」というキーワードで検索しても結果には表示されないのです。解凍してから検索してもいいのですが、かなり面倒です。このような場合は、エクスプローラーの検索設定を変更すれば、検索結果に表示されるようになります。

圧縮ファイルを検索対象にする設定方法は、エクスプローラーの「表示」→「オプション」→「検索」を開き、「圧縮されたファイル（ZIP、CAB…）を含める」にチェックを入れればOKです。

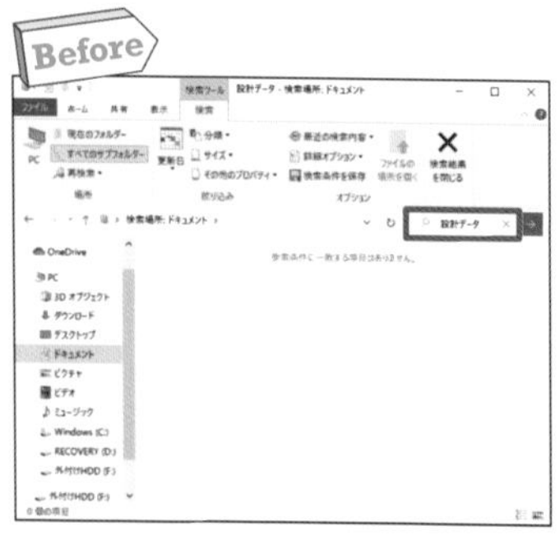

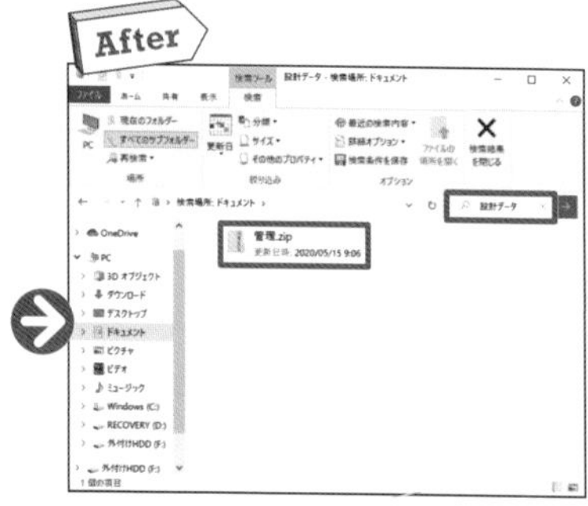

スッキリ度 80%

圧縮ファイル内も検索対象に設定する

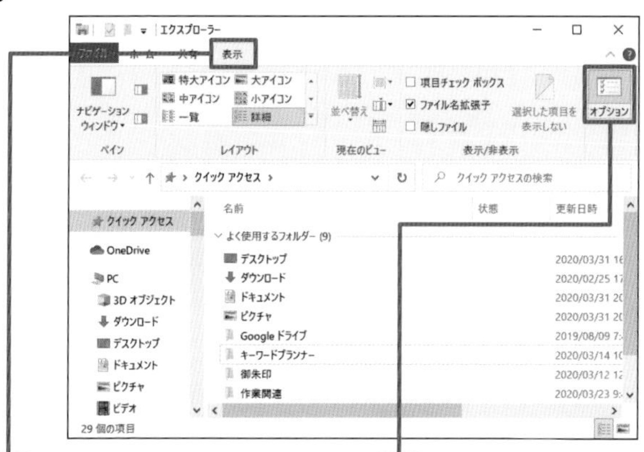

1 エクスプローラーを開き、「表示」タブをクリックする。

2 リボンの中にある「オプション」をクリックする。

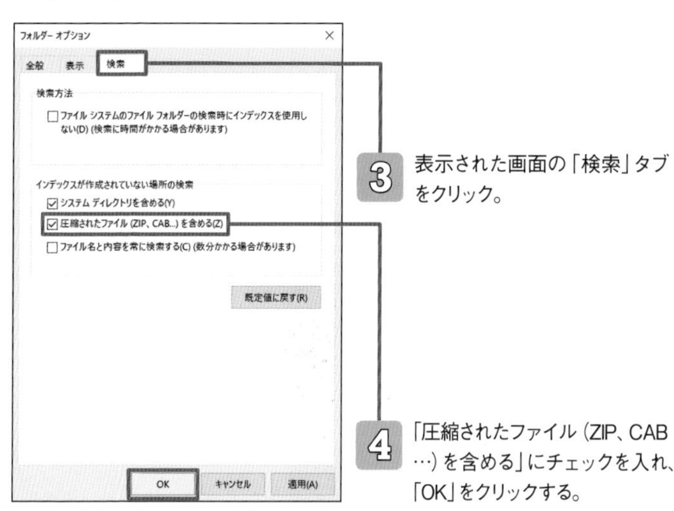

3 表示された画面の「検索」タブをクリック。

4 「圧縮されたファイル（ZIP、CAB…）を含める」にチェックを入れ、「OK」をクリックする。

Wi-Fiが繋がりにくい場合はここをチェック

Web閲覧でもメールの送受信でも、インターネットに接続してパソコンを使っているときは、安定して繋がっていないとイライラしますよね。それが例えばオンライン会議中に自宅のWi-Fiが頻繁に切れたりしたら……冷や汗モノです。

そんな場合は、まずルーターの設置場所を見直してみましょう。Wi-Fiルーターの電波はアンテナの向きに対して水平方向に強く、上下方向に弱いので、机の上など少し高い位置に設置するのがおすすめです。電波は同心円状に飛ぶので、なるべく使用する空間の中心に置きましょう。また、Wi-Fi電波はコンクリートや金属などの遮蔽物により減衰します。ルーターと子機の間には、なるべく障害物がないようにしましょう。

ルーターをキッチンに置くのも避けたほうが無難。近くに電子レンジがあると、電波干渉が起きやすくなるからです。

電波の混雑が原因の場合は、家電などの電波干渉が少ない5GHz帯で接続すると通信が安定します。

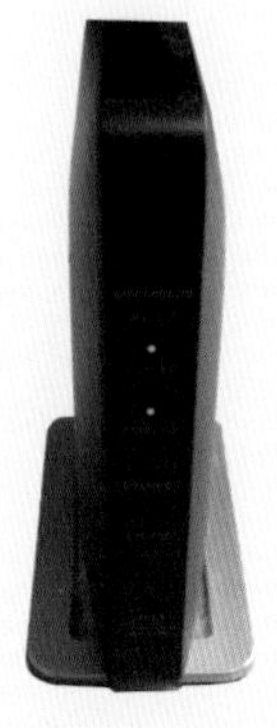

家庭で意外と多いのがルーターを床に直置きしているケース。特に支障がなければかまわないが、もし頻繁に通信が切れるような場合は、ここでご紹介したチェックポイントを参考に改善しよう。

ブラウザーの
おせっかいを解消する

ブラウザーは、インターネットの
Webサイトを見るために使うアプリ。
Windows 10では「Microsoft Edge」が標準アプリですが、
検索エンジンに「Bing」が設定されているなど、
使いにくい面があります。
この章ではEdgeを使いやすくする
コツを中心にお伝えします。

勝手にEdgeを起動しないで！　使用するブラウザーを変更したい

「既定のアプリ」で好きなブラウザーを選択

標準設定では、「Microsoft Edge（マイクロソフト エッジ）」が既定のブラウザーになっています。そのため、**メールなどに記載されたリンクをクリックすると、自動的にEdgeが起動するしくみになっています。**普段からEdgeを利用している人なら問題ありませんが、Google Chrome（グーグル クローム）、Mozilla Firefox（モジラ ファイアーフォックス）など、他のブラウザーを使っている人も多いでしょう。

既定のブラウザーを変更しない限り、リンクのクリック時には常にEdgeが常に起動することになってしまいます。**好きなブラウザーで表示できるように、Windows 10の「設定」→「アプリ」→「既定のアプリ」から設定を変更しましょう。**使い慣れたブラウザーで表示できれば、メールとブラウザーの連携もスムーズになるはずです。

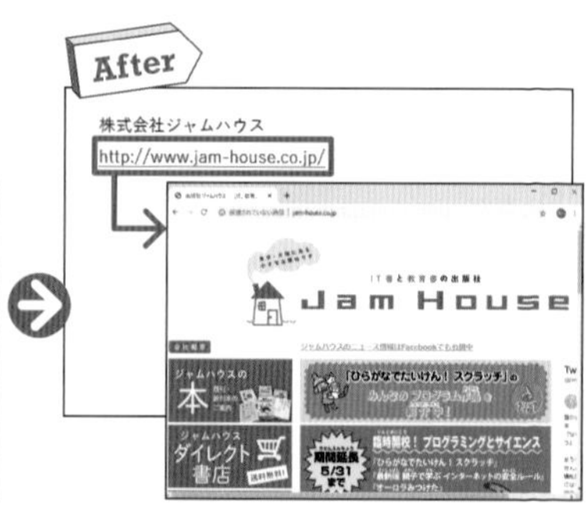

既定のブラウザーを好きなブラウザーに変更する

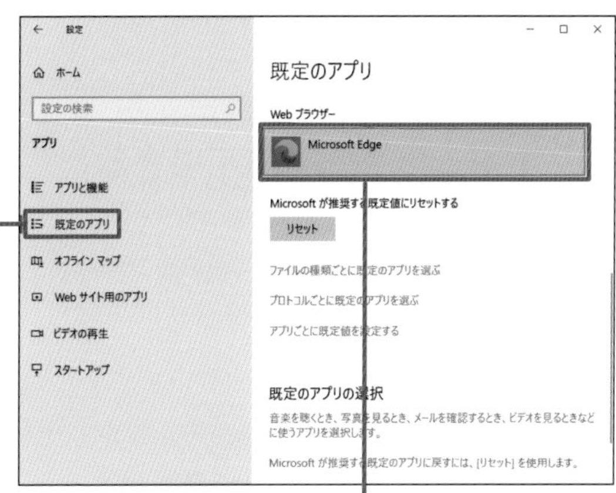

1 Windows 10の「設定」→「アプリ」→「既定のアプリ」をクリックする。

2 画面右側の「Webブラウザー」が「Microsoft Edge」になっているので、ここをクリックする。

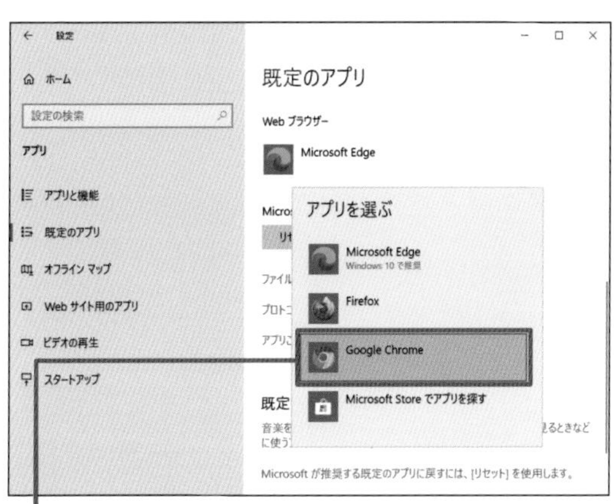

3 パソコンにインストールされているブラウザーの一覧が表示されるので、好きなブラウザーを選択すればいい。

Edgeに「ホーム」ボタンがない！　どうやって表示するの？

好きなページを設定したホームボタンを表示できる

Microsoft Edgeには好きなWebページを「ホーム」として設定でき、ワンクリックでアクセスできます。しかし、初期設定では、「ホーム」ボタンは非表示になっています。

ホームボタンを表示するには、Edgeの「設定」→「外観」からオンに切り替えましょう。なお、標準ではホームに「新しいタブ」が設定されていますが、好きなWebページを割り当てることができます。頻繁にアクセスするページをホームとして設定すれば、素早くアクセスできます。例えば、「Yahoo! JAPAN（ヤフー ジャパン）」などのポータルサイトを設定しておくと、最新のニュースなどを効率よくチェックできて便利です。快適にアクセスするためにも、ホームボタンを上手に使いこなしましょう。

スッキリ度 60%

「ホーム」をオンにして好きなページを割り当てる

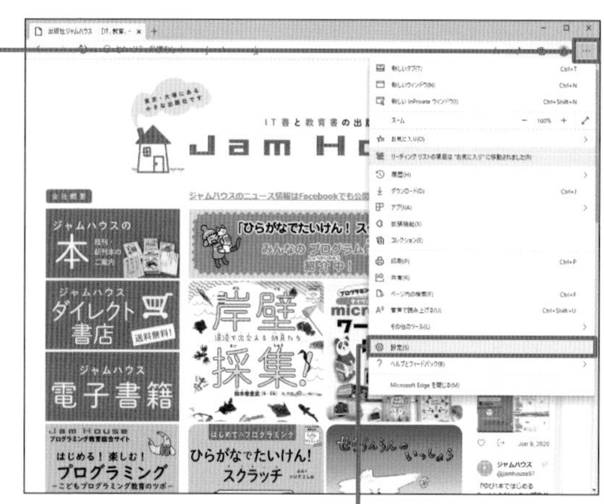

1 Edgeの画面右上にあるメニューアイコンをクリックする。

2 表示された項目の中にある「設定」をクリックする。

3 左側から「外観」をクリックし、右側にある「[ホーム] ボタンを表示する」をオンにする。

4 下の空欄のあるほうを選択し、ホームとして設定したい好きなページのURLを入力すればいい。

Edgeを起動したときに最初に表示されるページが使いにくい！

好きなページに自由に変更できる

Edgeを起動したときに最初に表示されるページは、「スタート」ページと呼ばれます。**初期設定では、新しいタブを追加したときと同じページが表示されます。**最近アクセスしたページなどに素早く表示できますが、今いち使いにくいという人もいるかもしれません。**実はこのスタートページも、好きなページを設定することができます。**使い慣れたポータルサイトなどがあれば、そのページを設定しておくといいでしょう。

設定方法は、Edgeのメニューから「設定」→「起動時」を開き、「特定のページを開く」を選択。その上で、好きなページのURLを設定すればOKです。

スッキリ度 65%

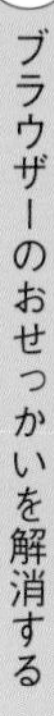

Edgeの起動直後のページを変更する

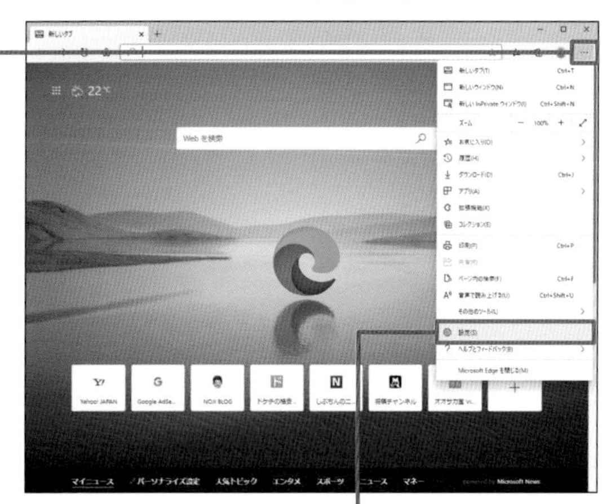

1 Edgeの画面右上にあるメニューアイコンをクリックする。

2 表示された項目の中にある「設定」をクリックする。

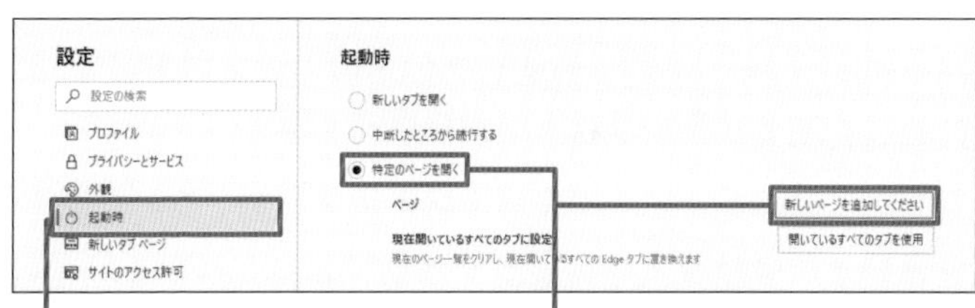

3 画面左側で「起動時」をクリックする。

4 右側の起動時のページの種類から「特定のページを開く」を選択し、「新しいページを追加してください」をクリックする。

5 URLの入力欄が表示されるので、起動時に表示したいWebページのURLを入力し、「追加」をクリックすればいい。

Edgeで新しいタブを追加したときに表示されるページを変更したい！

ニュースの有無などカスタマイズが可能

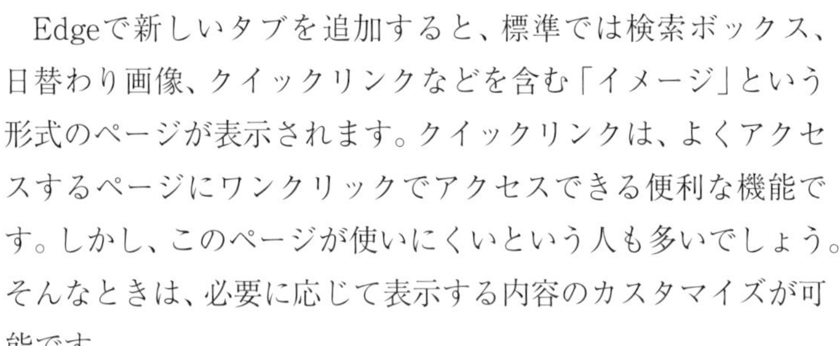

Edgeで新しいタブを追加すると、標準では検索ボックス、日替わり画像、クイックリンクなどを含む「イメージ」という形式のページが表示されます。クイックリンクは、よくアクセスするページにワンクリックでアクセスできる便利な機能です。しかし、このページが使いにくいという人も多いでしょう。そんなときは、必要に応じて表示する内容のカスタマイズが可能です。

検索ボックスとクイックリンクのみの「シンプル」、ニュース情報を含めた「ニュース」などが選べるほか、クイックリンクの表示／非表示、クイックリンクの自動更新、あいさつ表示の有無などを切り替えることもできます。

新しいタブを開いたときのページ形式を変更する

1 Edgeの画面右上にあるメニューアイコンをクリックし、「設定」をクリック。表示された画面左側で「新しいタブページ」をクリックする。

2 画面右側に表示された「カスタマイズ」をクリックする。

3 「画面レイアウト」が表示されるので、ここで利用したいページの種類をクリックすればいい。

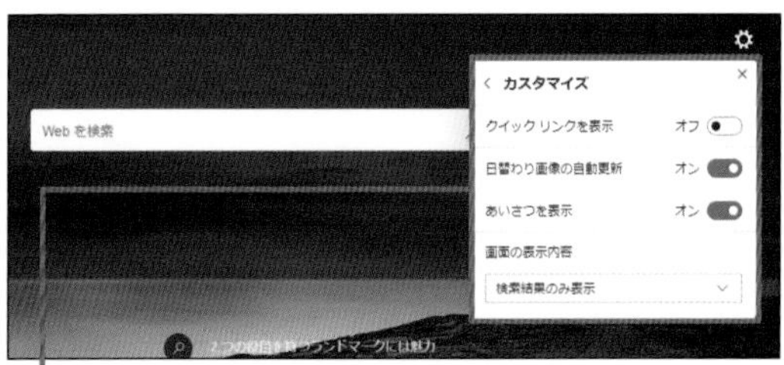

4 また、「カスタマイズ」をクリックすると、ページ上に表示する内容のオンとオフなどを切り替えることが可能だ。

勝手にBingを指定しないで！　Edgeの検索でもGoogleを使いたい

標準の検索エンジンはGoogleに変更できる

Edgeのアドレスバーでは、キーワードを入力してWebページの検索が可能です。しかし、標準の検索エンジン（インターネットの情報を検索するシステム）には「Bing（ビング）」というマイクロソフト独自のシステムが使われています。一般的なGoogle検索と比較すると、満足する検索結果が得られないこともあります。**実はEdgeの検索エンジンは、簡単にGoogleに変更できます。**設定を変更しておけば、以降は検索結果をGoogle検索で表示できるようになります。

検索エンジンの変更方法は、Edgeの「設定」→「プライバシーとサービス」→「アドレスバー」を開き、「アドレスバーで使用する検索エンジン」から「Google」を選べばOKです。Google以外に、Yahoo JAPAN、百度などを指定することも可能です。

スッキリ度 90%

既定の検索エンジンをGoogleに変更する

1 Edgeの画面右上にあるメニューアイコンをクリックし、「設定」をクリック。表示された画面左側で「プライバシーとサービス」をクリックする。

2 画面右側のいちばん下にある「アドレスバー」をクリックする。

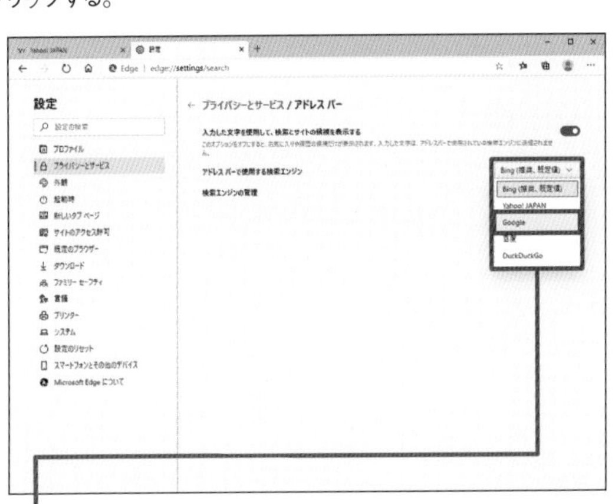

3 「アドレスバーで使用する検索エンジン」の横にあるプルダウンメニューをクリックし、リストから「Google」を選択すればいい。

Edgeの閲覧履歴を残したくない!

Edgeの履歴は簡単にクリアできる

Edgeでは閲覧したページの履歴が残ります。履歴から過去に訪問したページを簡単に探せて便利なのですが、第三者に見られると、自分の趣味趣向が知られてしまいます。**閲覧履歴を見られたくない場合は設定から消去できますので、必要に応じて実行しましょう。**

消去の手順は、Edgeの「履歴」→「閲覧データをクリア」から行います。クリアするデータの選択画面から「閲覧の履歴」を指定し、「クリア」をクリックすればOKです。クリアする対象は、「過去1時間」「すべての期間」など、データの期間を指定することもできます。

なお、クリアする際には、ダウンロード履歴、Cookie(クッキー)などのデータを一緒に削除することも可能です。

Edgeの閲覧履歴をクリアする

1 Edgeの画面右上にあるメニューアイコンをクリックする。

2 表示された項目の中にある「履歴」→「閲覧データをクリア」をクリックする。

3 削除するデータの期間を指定し、「閲覧の履歴」にチェックを入れる。

4 ほかのデータで消去したいものがあれば、同様にチェックを入れ、「今すぐクリア」をクリックすればいい。

クリックしたリンクの色が変わるのが嫌だ！何とかならない？

ページごとに履歴を削除すれば元の色に戻る

一部のリンクでは、一度クリックしたことのあるものは色が変化することがあります。これは、過去にクリックしたことを知らせるためのしくみなのですが、第三者が見れば、リンク先のページにアクセスしたことが分かってしまいます。例えば、Web検索の結果ページに表示されたリンクはブルーになっていますが、クリックするとパープルに変化します。

色が変わるのが嫌な場合は、そのリンク先のページの履歴を削除しましょう。履歴が消去されることでリンクの色が元のブルーに戻ります。履歴をページ単位で消去するには、Edgeのメニューの「履歴の管理」から行います。閲覧履歴の一覧が表示されるので、リンク先のページの「×」をクリックすればOKです。

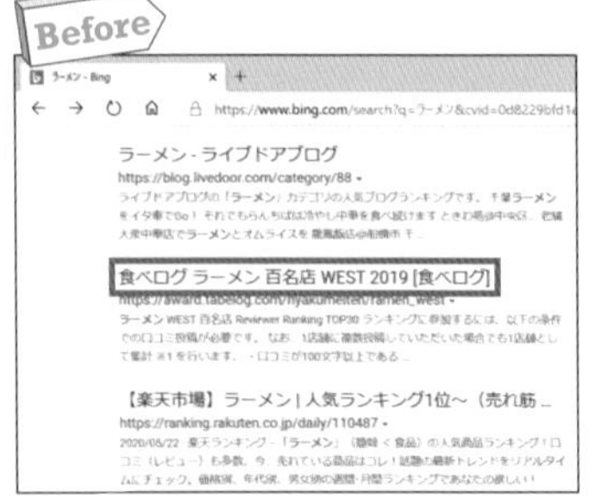

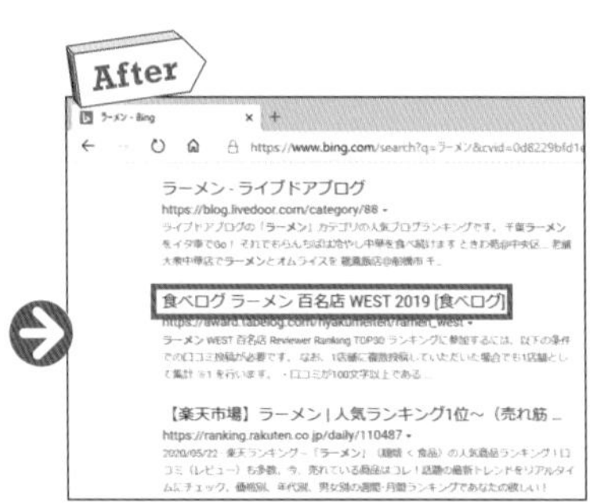

リンク先ページの履歴を消去して色を元に戻す

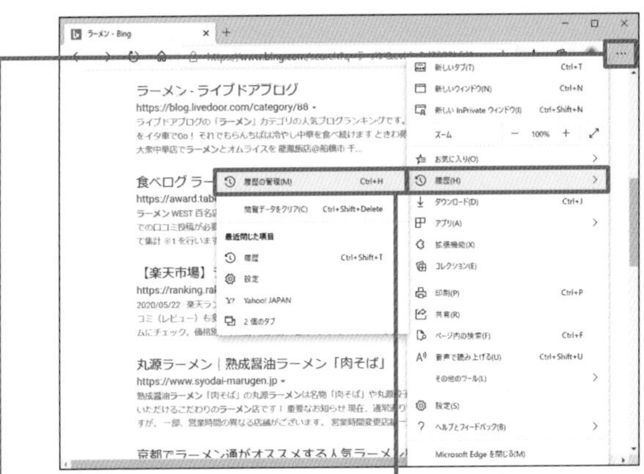

1 Edgeの画面右上にあるメニューアイコンをクリックする。

2 表示された項目の中にある「履歴」→「履歴の管理」をクリックする。

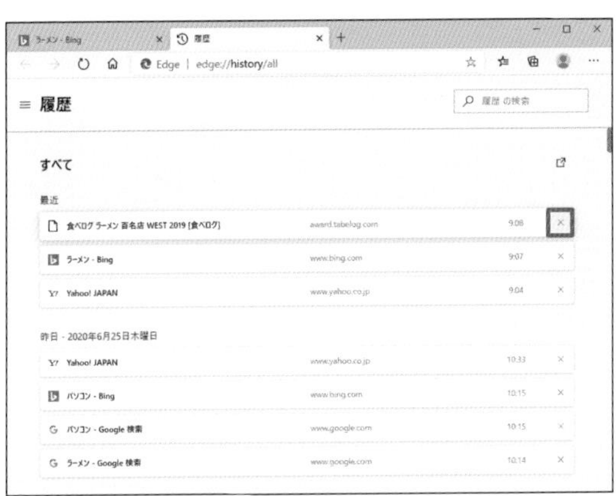

3 履歴一覧が表示されるので、色を戻したいリンク先のページの右端にある「×」をクリックする。そのページの履歴が消去され、リンクの色もブルーに戻る。

ムダな料金は払いたくない！

Microsoft 365 Personalの定期請求にご用心

最近はMicrosoft Officeを、「Microsoft 365 Personal」で利用する人が増えています。Microsoft 365 Personalは、年額1万2984円、もしくは月額1284円で利用できるサブスクリプションサービス。契約は自動更新され、利用料金は定期請求されるしくみです。

ところが、リモートワークで自宅で仕事をしていると、業務によってはサービスをまったく使わない期間が出てきます。月額ユーザーの場合、1カ月以上利用しない場合でも、その間の料金は自動請求されてしまいます。長期間利用しない場合は、定期請求を停止してムダな出費を防ぎましょう。

また、Officeファイルの閲覧や編集は、「LibreOffice（リブレオフィス）」などの無料アプリである程度代用できます。Microsoft 365 Personalが停止中で使えない場合などに活用するといいでしょう。

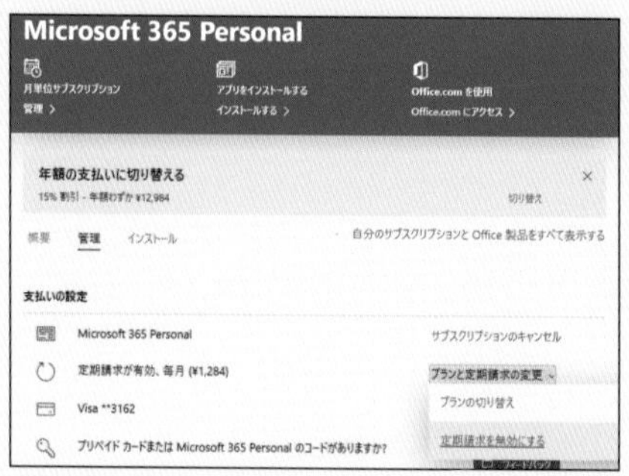

定期請求を停止するには、Microsoftアカウントにログインし、「サービスとサブスクリプション」→「管理」→「プランと定期請求の変更」で「定期請求を無効にする」を選択する。

メールの使いにくさを改善する

Windows 10に標準搭載されている「メール」は、
そのまま使うとクセが強いと感じる人が多いようです。
しかし、ちょっと設定を変更するだけで、
グッと使いやすくなります。
この章では、メール特有のおせっかいを
改善するテクニックを
集めてみました。

勝手に「メール」を起動しないで！ 起動するメールアプリを変更したい

既定のメールアプリを変更すればOK

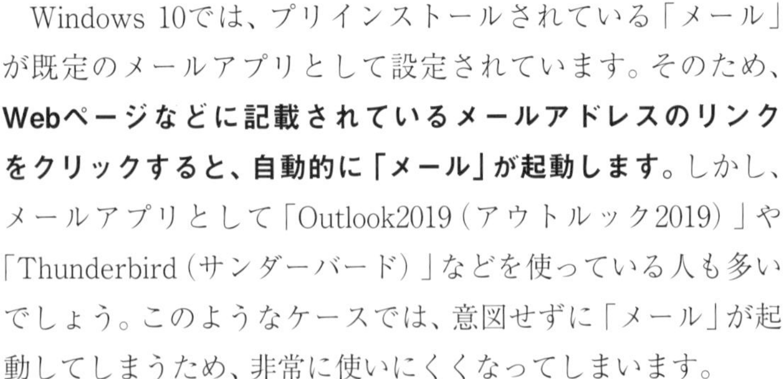

Windows 10では、プリインストールされている「メール」が既定のメールアプリとして設定されています。そのため、**Webページなどに記載されているメールアドレスのリンクをクリックすると、自動的に「メール」が起動します。**しかし、メールアプリとして「Outlook2019（アウトルック2019）」や「Thunderbird（サンダーバード）」などを使っている人も多いでしょう。このようなケースでは、意図せずに「メール」が起動してしまうため、非常に使いにくくなってしまいます。

メールアドレスをクリックしたときに起動するアプリを変更するには、Windows 10の「設定」→「アプリ」→「既定のアプリ」の「メール」から設定します。選択画面から使用したいアプリを選びましょう。

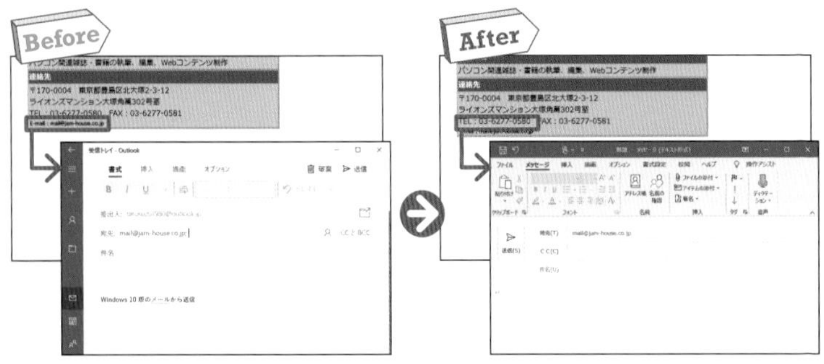

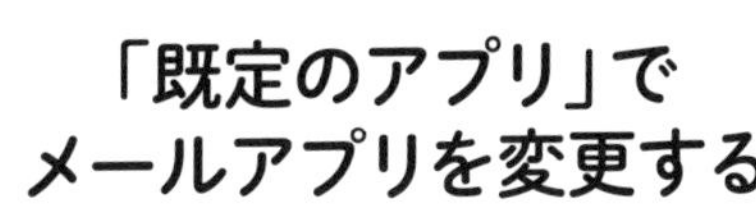

「既定のアプリ」で メールアプリを変更する

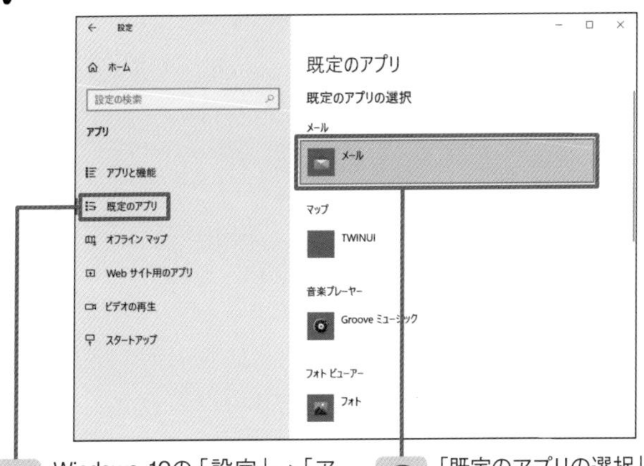

1 Windows 10の「設定」→「アプリ」→「既定のアプリ」をクリックする。

2 「既定のアプリの選択」で「メール」をクリックする。

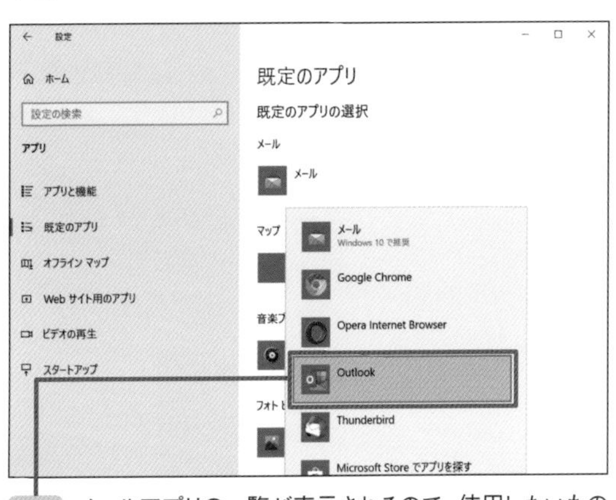

3 メールアプリの一覧が表示されるので、使用したいものをクリックすればいい。

「メール」アプリの優先トレイがすごく使いにくい！

優先トレイは非表示にしておくのが無難

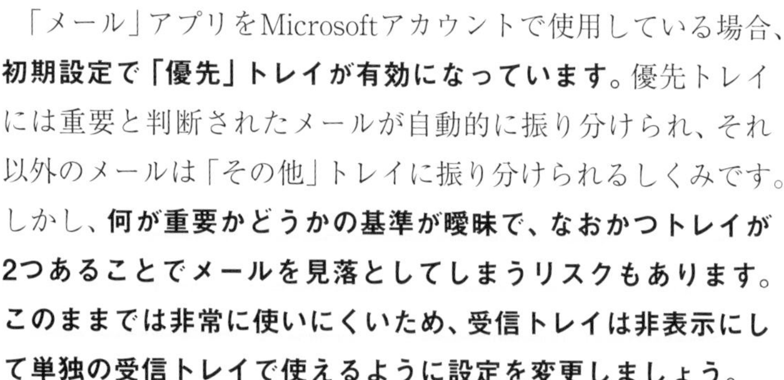

「メール」アプリをMicrosoftアカウントで使用している場合、**初期設定で「優先」トレイが有効になっています。**優先トレイには重要と判断されたメールが自動的に振り分けられ、それ以外のメールは「その他」トレイに振り分けられるしくみです。しかし、**何が重要かどうかの基準が曖昧で、なおかつトレイが2つあることでメールを見落としてしまうリスクもあります。このままでは非常に使いにくいため、受信トレイは非表示にして単独の受信トレイで使えるように設定を変更しましょう。**

設定方法は、変更したいアカウントを選択した状態で、画面下部にある歯車アイコン（設定）をクリック。あとは、「優先受信トレイ」を開いて、スイッチをオフに切り替えればOKです。

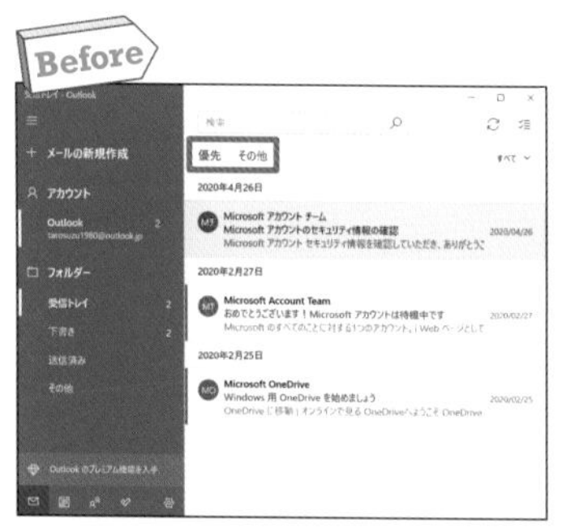

優先トレイの表示をオフに切り替える

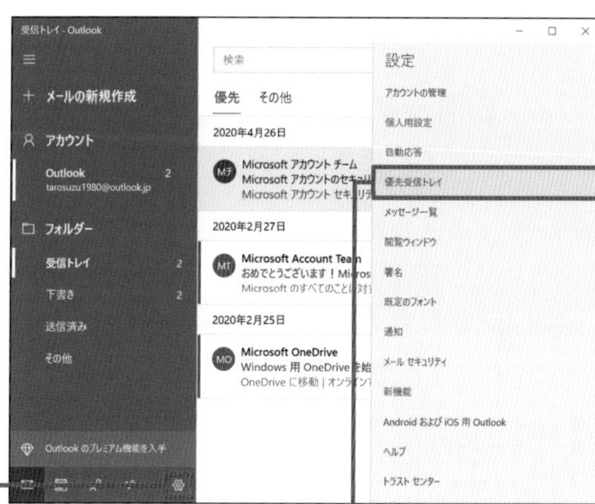

1 「メール」アプリを起動し、画面下部の右端にある歯車アイコン(設定)をクリック。

2 表示された項目の中にある「優先受信トレイ」をクリックする。

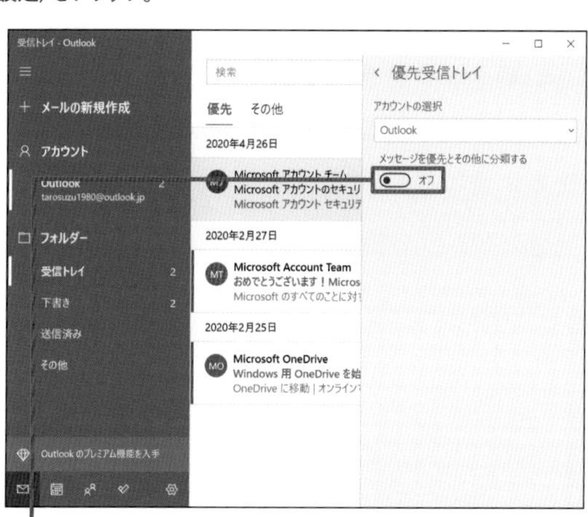

4 「メッセージを優先とその他に分類する」のスイッチをオフに切り替えよう。

メールのスレッド表示が見にくい！

「個々のメッセージ」に設定を変更する

「メール」アプリでは、標準で「スレッド表示」が有効になっています。**スレッド表示を使うと関連するやり取りがグループとして表示され、ひとつのメールに対する返信の流れが一覧で確認できます。**これだけ見ると非常に便利に思えますが、いくつかデメリットもあります。スレッド表示は件名を基準にグループ化されるため、返信時に件名を変えられてしまうとスレッドとして認識されなくなってしまうのです。また、スレッド以外の受信メールを見逃してしまうリスクも高くなります。

使いにくい場合は、設定を「個々のメッセージ」に変更します。スレッド表示がオフになり、通常のメッセージ単位の表示で利用できるようになります。

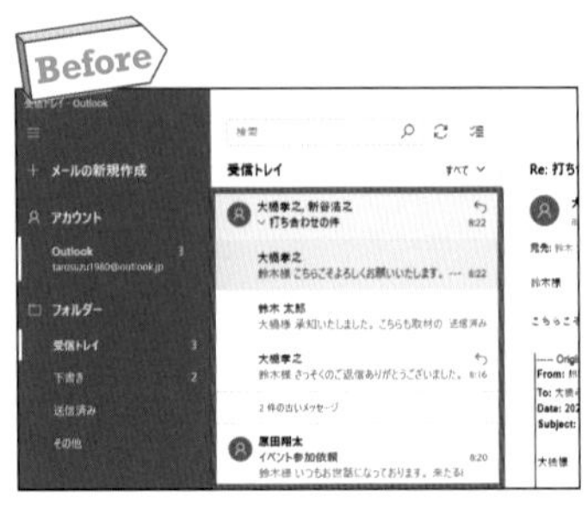

表示形式を「個々のメッセージ」に変更する

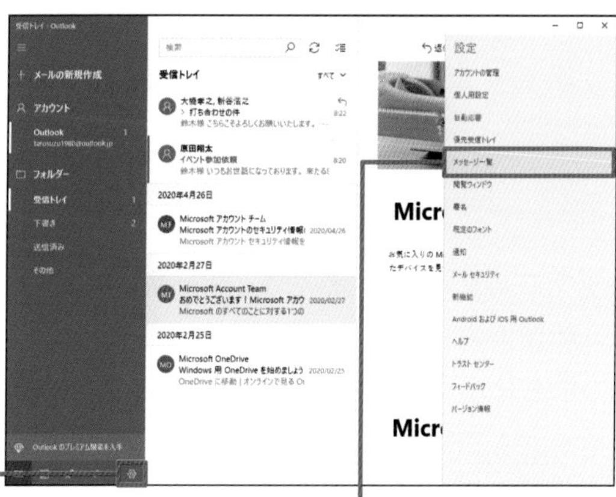

1 画面下の歯車アイコン（設定）をクリックする。

2 表示された項目の中にある「メッセージ一覧」をクリックする。

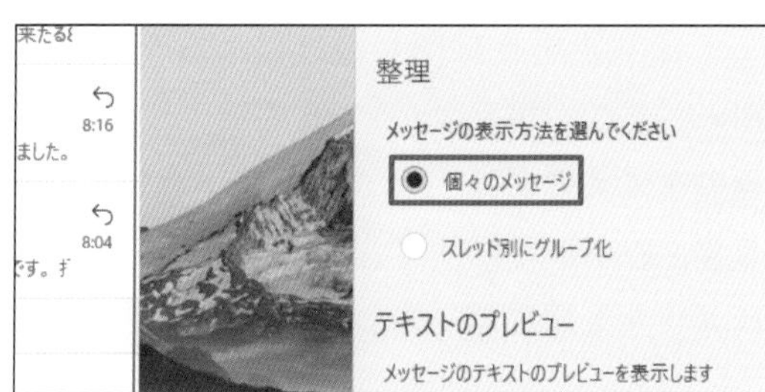

3 「メッセージの表示方法を選んでください」で「個々のメッセージ」を選択する。

閲覧したメールが開封済みにならないときがあるんだけど？

開封済みにするタイミングを変更する

「メール」アプリの初期設定では、メールを選択して閲覧しただけでは開封済みになりません。「さっき読んだメールなのに未開封のままになっている……」と戸惑った経験のある人も多いことでしょう。実はメールが開封済みになるのは、ほかのアイテム（別のメールやアカウント）に選択を切り替えた瞬間なのです。つまり、メールを閲覧したとしても、そのままアプリを閉じてしまった場合は開封済みにならないわけです。確実に開封済みにしたい場合は、設定を変更しておきましょう。

開封済みのタイミングは、「閲覧ウィンドウに表示したとき」に変更します。こうしておけば、指定した時間が経過した時点で自動的にメールを開封済みにしてくれるので、手間がかかりません。

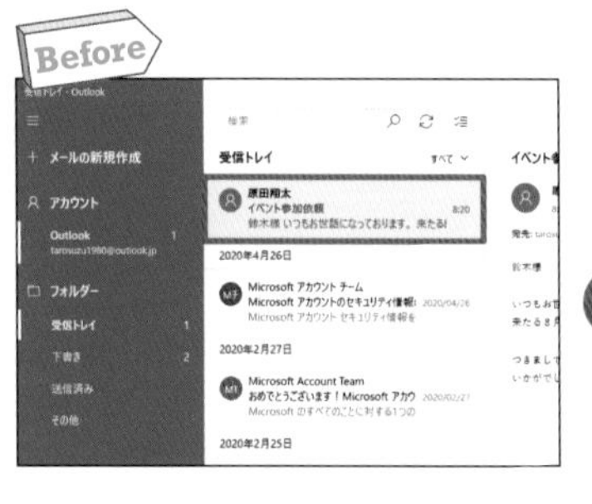

スッキリ度 65%

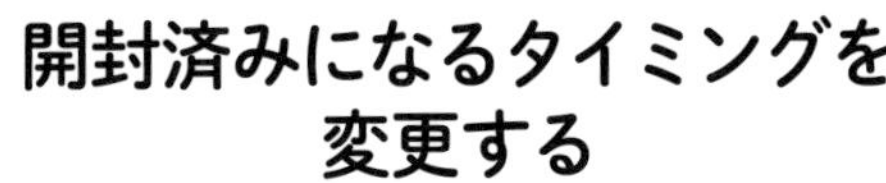

開封済みになるタイミングを変更する

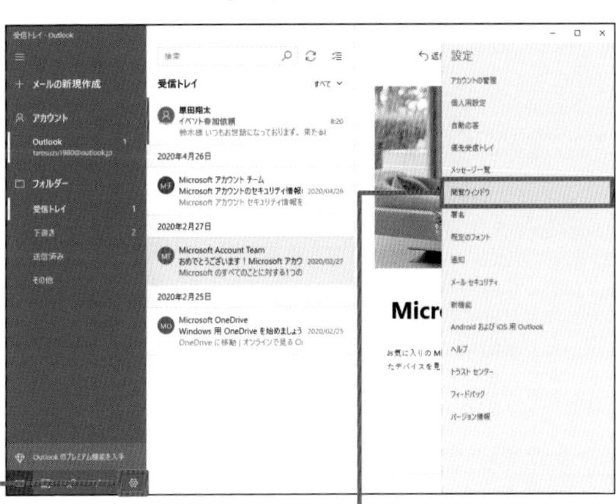

1 画面下の歯車アイコン（設定）をクリックする。

2 表示された項目の中にある「閲覧ウィンドウ」をクリックする。

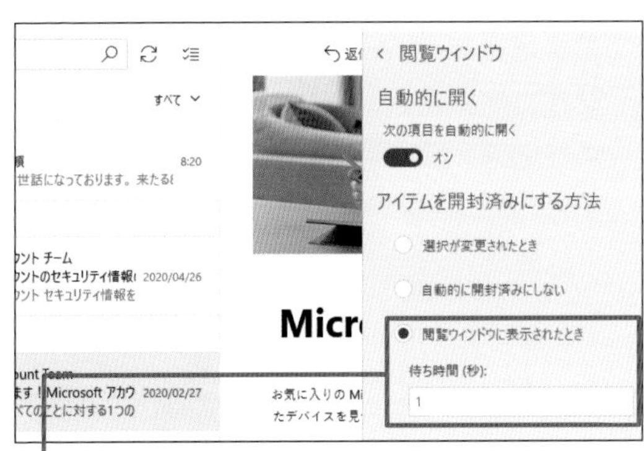

3 「アイテムを開封済みにする方法」で「閲覧ウィンドウに表示されたとき」を選択。下の空欄に待ち時間の秒数を入力すればいい。

メールが最近のものしかダウンロードされない！

ダウンロード期間を「指定なし」に変更

「メール」アプリでは、利用するアカウントによってメールのダウンロード期間が短めに設定されている場合があります。例えば**Gmailアカウントの場合は、標準では「過去３か月間」になっているため、それ以前に受信しているはずのメールが受信トレイに表示されません。**当然、キーワード検索してもヒットしないので、使い勝手がかなり悪くなります。**そんな場合は、ダウンロードするメールの期間を「指定なし」に変更すれば、過去すべてのメールを表示できるようになるので安心です。**

メールのダウンロード期間は、設定の「アカウントの管理」→「メールボックスの同期の設定を変更」を開き、「メールをダウンロードする期間」で選択すればOKです。

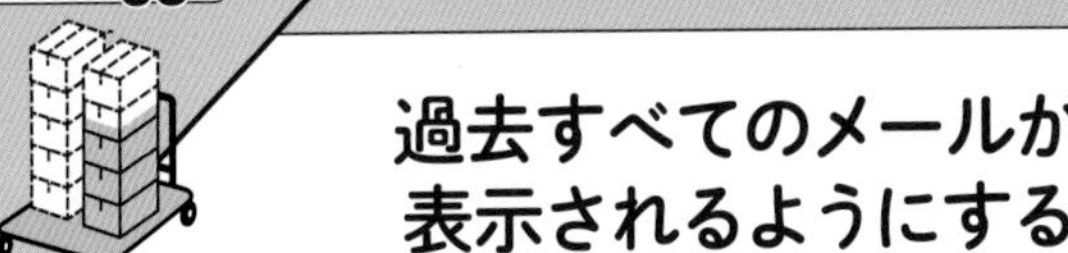

過去すべてのメールが表示されるようにする

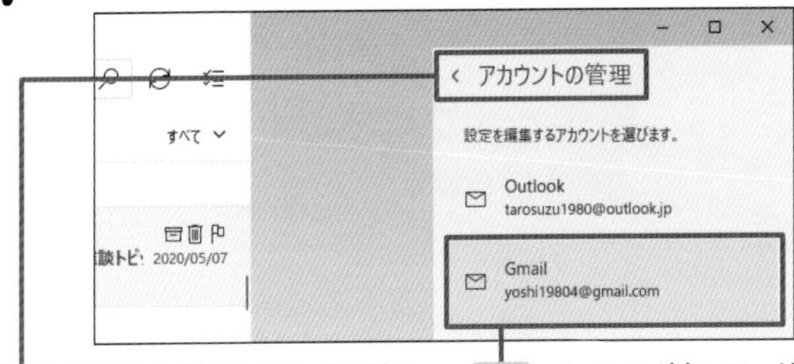

1 画面下の歯車アイコン（設定）をクリックし、「アカウントの管理」を開く。

2 メールのダウンロード期間を変更したいアカウントをクリック。

3 表示された画面の「メールボックスの同期の設定を変更」をクリックする。

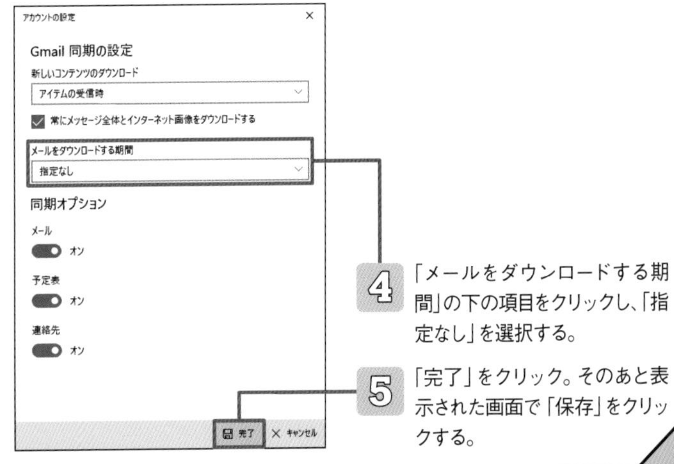

4 「メールをダウンロードする期間」の下の項目をクリックし、「指定なし」を選択する。

5 「完了」をクリック。そのあと表示された画面で「保存」をクリックする。

メール本文の「Windows 10から送信」がうっとうしい

署名をオフにするか好きな内容に変更

「メール」アプリの初期設定では、メールを作成すると本文欄に「Windows 10版のメールから送信」という署名が自動的に挿入されます。どのデバイス（端末）から送信したか分かるのがメリットですが、受け取った側には「何これ？」と思われてしまうかもしれません。

この署名は設定から変更することで、内容を自由に書き換えることが可能です。例えば、企業名や連絡先などの個人情報にしておけば、ビジネスメールを送る際などに便利です。また、**署名の機能自体をオフにすることもできますので、使用しない場合はあらかじめオフにしておくといいでしょう。**なお、署名はすべてのアカウントに適用することもできますし、必要に応じて個別に設定することも可能です。

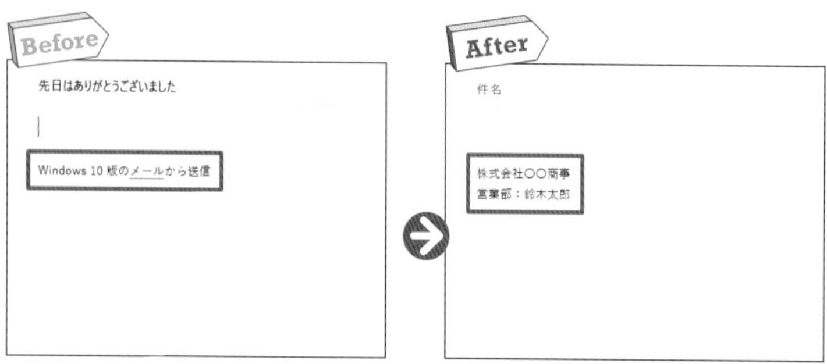

スッキリ度 75%

署名の内容を変更する

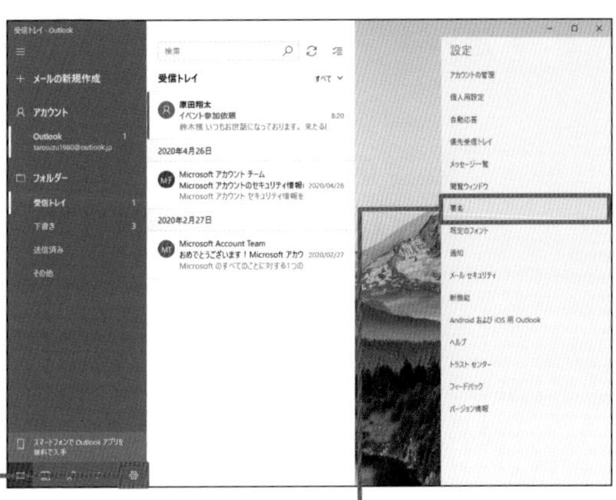

1 画面下の歯車アイコン（設定）をクリックする。

2 表示された項目から「署名」をクリックする。

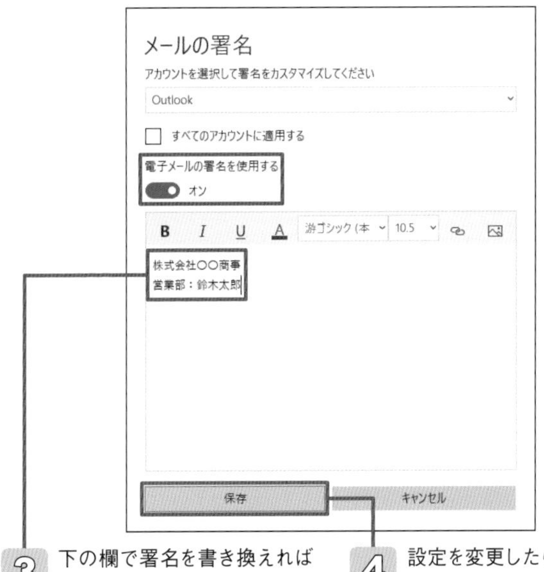

3 下の欄で署名を書き換えればOK。署名を使わない場合は、上にある「電子メールの署名を使用する」をオフにすればいい。

4 設定を変更したら「保存」をクリックして終了しよう。

メールの既定フォントを「游ゴシック」以外にしたい

「既定のフォント」を好きなものに変更

「メール」アプリでは、**メールを作成する際に使う「既定のフォント」が「游ゴシック」に設定されています。**游ゴシックは無難なフォントですが、人にとっては見づらいと感じる場合もあるようです。メール作成時にフォントを変更することもできますが、いちいち変更するのは面倒だという人も多いでしょう。そんなときは、**あらかじめ既定のフォントを好きな種類に変更しておきましょう。自動的に指定したフォントが使えるので、よけいな手間がかからなくなります。**

既定のフォントの設定では、必要に応じてフォントサイズも設定できるので、使いやすいサイズを指定しておくといいでしょう。

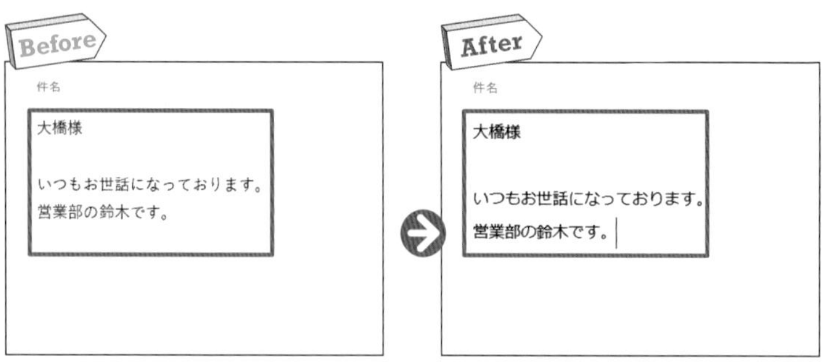

「既定のフォント」を変更する

1 画面下の歯車アイコン（設定）をクリックする。

2 表示された項目から「既定のフォント」をクリックする。

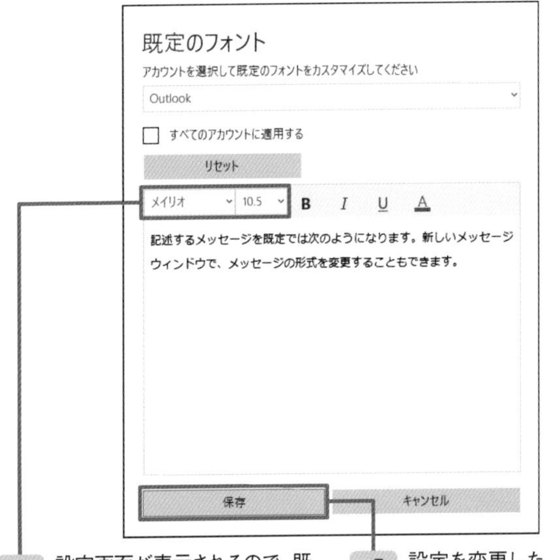

3 設定画面が表示されるので、既定として使いたいフォントの種類とサイズを指定する。

4 設定を変更したら「保存」をクリックして終了しよう。

「メール」アプリをアンインストールしたい

実は簡単にアンインストールできる

メールアプリとして「Outlook 2019」や「Thunderbird」を使っている人にとっては、Windows 10標準の「メール」アプリは無用の長物でしかありません。ムダなものを入れておいても仕方がないので、アンインストール（削除）したいという人もいるでしょう。

「メール」はプリインストール（あらかじめインストール）されているため、アンインストールできないと思っている人も多いようです。しかし、**システムと一体化しているわけではありませんので、通常のアプリと同様に簡単にアンインストールすることができます。**もちろん再び使いたい場合は、「Store」経由で再インストールできますので問題ありません。不要なときはサクッとアンインストールしましょう。

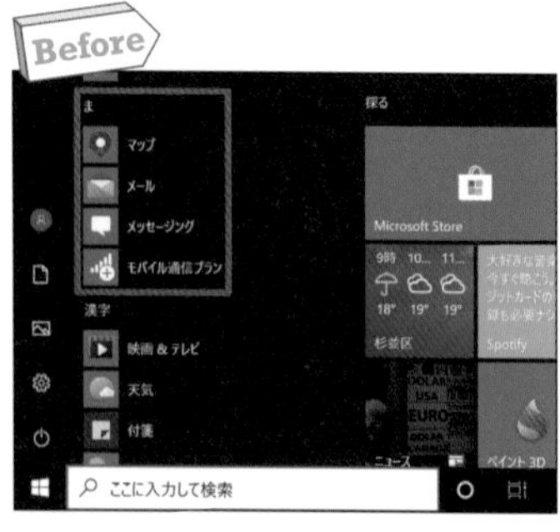

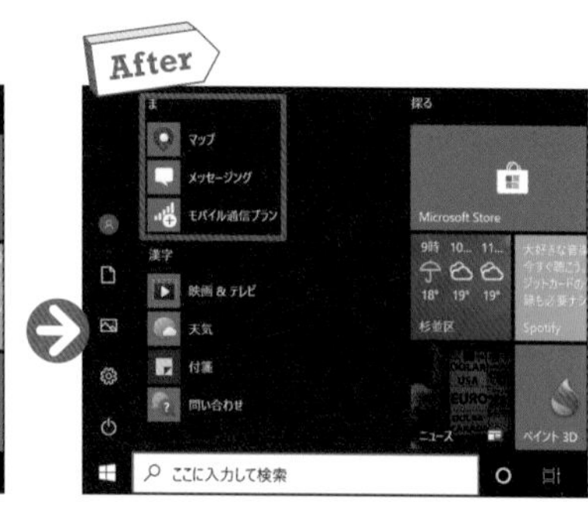

「既定のアプリ」でメールアプリを変更する

1 スタートボタンをクリックして、アプリ一覧から「メール」を右クリックする。

2 表示されたメニューから「アンインストール」を選択する。

3 確認画面が表示されるので、そのまま「アンインストール」をクリックすればいい。

印鑑もデジタルで
スマートに使う時代に

コロナ禍で話題となったのが印鑑の取り扱いでした。在宅で仕事をしているのに、決済などの印鑑を押すために出社を余儀なくされる例が続出したのです。これではせっかくのリモートワークにも支障が出てきてしまいます。そこで提唱されているのが、「デジタル印鑑」の利用です。

印影を画像などのデータで作成し、OfficeファイルやPDFファイルに貼り付けて使用できます。印影の作成には、「Web認印」というサイトが便利です。日本人の名字上位10000姓の印影作成に対応しています。ここで印影を作成して、PNG形式の印影を右クリックして保存。あとはOfficeファイルの印鑑を押したい位置に挿入すればOKです。

「Web認印」(http://www.hakusyu.com/webmtm/)ではPNG形式の画像認印と、Acrobat Readerのカスタムスタンプとして使えるPDF認印の印影を作成できる。

※個人使用・企業内での使用のみで利用できます。商業使用は禁止されています。
※法律的な効力を持つ「電子印鑑」ではありません。「認印」としてお使いください。

Officeの厄介な機能をオフにする

ビジネス文書の作成に欠かせないMicrosoft Office。
高機能であるがゆえに、そのまま使うと
数多くのおせっかいな機能が
自動的に実行されてしまいます。
この章では、Excel、Word、PowerPointの
厄介な機能をオフにして
使いやすくする方法をご紹介します。

※お使いのパソコンによってはMicrosoft Office（WordやExcelなどがセットになったパッケージ製品）がインストールされていない場合があります。必要に応じて別途購入できます。詳しくはMicrosoftのサイト（https://www.microsoft.com/ja-jp）をご覧ください。

Excelで入力中に入力候補が表示されるのがうっとうしい！

「オートコンプリート」をオフにすればOK

Excelでは、セルの入力中に入力候補が表示されることがあります。**これは、「オートコンプリート」と呼ばれる機能で、過去の入力履歴をもとに表示されるしくみになっています。**

例えば、住所録などの作成をしている場合は、大量の住所を入力しますが、「東京都世田谷区」と過去に入力したことがあれば、「とう」と入力しただけで、自動的に「東京都世田谷区」が候補として表示されます。その候補が入力したいものであれば、「Enter」キーを押してそのまま確定すればOK。しかし、**意図しないものが表示されてしまう場合は、入力の邪魔になるだけで非常に煩わしくなります。不要な場合は、オートコンプリートをオフにしましょう。**

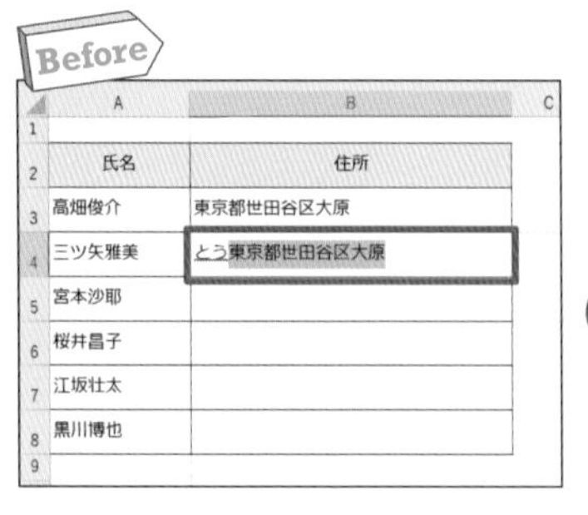

	A	B	C
1			
2	氏名	住所	
3	高畑俊介	東京都世田谷区大原	
4	三ツ矢雅美	とう東京都世田谷区大原	
5	宮本沙耶		
6	桜井昌子		
7	江坂壮太		
8	黒川博也		
9			

	A	B	C
1			
2	氏名	住所	
3	高畑俊介	東京都世田谷区大原	
4	三ツ矢雅美	とう	
5	宮本沙耶		
6	桜井昌子		
7	江坂壮太		
8	黒川博也		
9			

スッキリ度 80%

オートコンプリートを無効にする

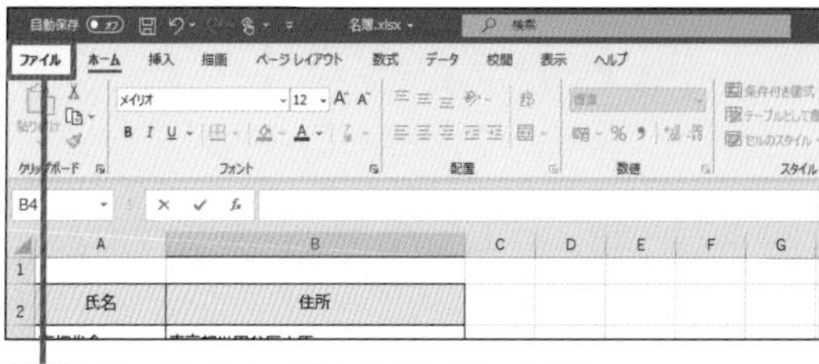

1 Excelの「ファイル」タブをクリックする。

2 画面左下の「オプション」をクリックする。

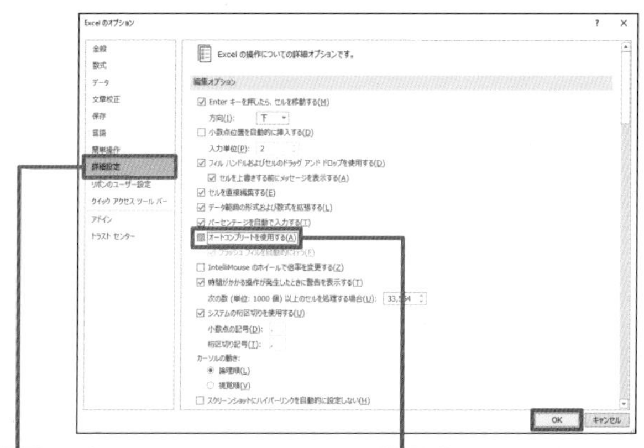

3 オプション画面が表示されるので、「詳細設定」をクリックする。

4 「オートコンプリートを使用する」のチェックを外して「OK」をクリックする。

Excelで英単語が勝手に書き換えられるの何とかならない？

「オートコレクト」の設定を変更する

Excelには**「オートコレクト」と呼ばれる自動修正機能が搭載されています。**英単語などが勝手に書き換えられるのはそのためです。例えば、「CNA」と入力した場合、オートコレクトにより「CAN」と書き換えられます。誤入力した場合は自動修正はありがたいのですが、実際に入力したい文字の場合でも勝手に書き換えられてしまうので、かなりやっかいです。しかも、修正されたことに気付きにくいので、重要な書類を間違ったまま作成してしまう可能性もあります。入力に支障がある場合は、オートコレクトの設定を変更しましょう。

オートコレクトのオプションを開くと、いくつかの項目が表示されますので、それをすべてオフにすれば自動修正されなくなります。

Before

	A	B
1		
2	商品	略称コード
3	洗濯ネット	CAN
4	ログカップ	
5	マルチスプーン	
6	大盤ボード	
7	軽量スコープ	
8	スッキリメモ	
9		

After

	A	B
1		
2	商品	略称コード
3	洗濯ネット	CNA
4	ログカップ	
5	マルチスプーン	
6	大盤ボード	
7	軽量スコープ	
8	スッキリメモ	
9		

スッキリ度 70%

オートコレクトを無効にする

1 Excelの「ファイル」タブ→「オプション」を開き、「文章校正」をクリック。

2 画面右側にある「オートコレクトのオプション」をクリックする。

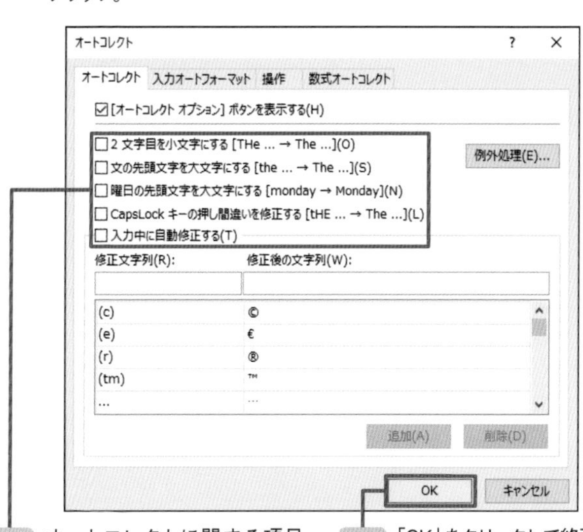

3 オートコレクトに関する項目が表示されるので、すべてのチェックを外してオフにする。

4 「OK」をクリックして終了する。

Excelで文字列にしたいのに、勝手に日付に変換されちゃう！

書式設定を変更すればOK

Excelにはさまざまな便利機能が搭載されていますが、便利であるがゆえに、おせっかいと感じるケースも多いものです。そのひとつが、「1/2」と入力すると、「1月2日」のように勝手に日付に変換されてしまうことです。これは、**セルの書式設定によるもので、「1/2」というデータが日付として自動的に認識され、「1月2日」に変換されるようになっています。**最初から日付を入力したい場合は簡単に入力できて便利ですが、分数として入力したい場合は困ってしまいます。**こんなときは、セルの書式設定を「文字列」にすれば、入力した文字がそのまま反映されます。**

なお、セルの書式設定は「Ctrl」+「1」キーを押すことで簡単に開けますので、覚えておきましょう。

Before

	A	B
1		
2	1月2日	
3	2月3日	
4	1月4日	
5		
6		
7		
8		

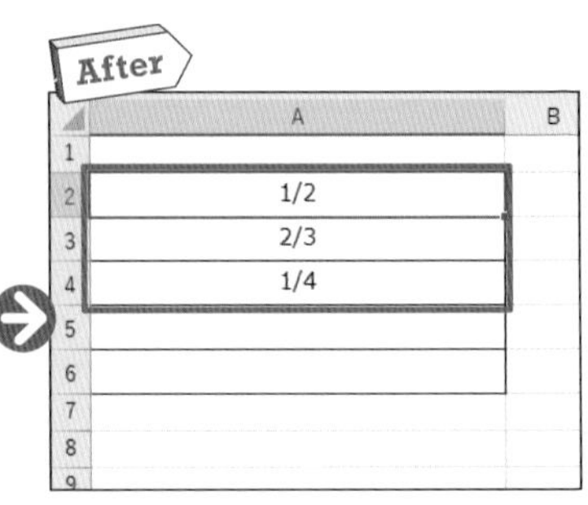

スッキリ度 70%

書式設定を「文字列」にする

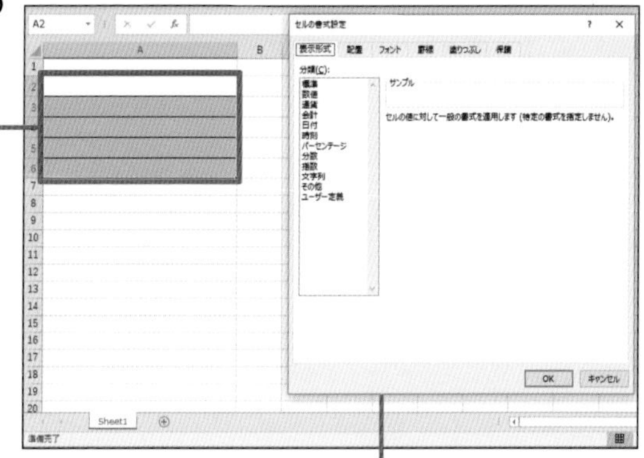

1 入力したいセルの範囲をドラッグして選択しておく。

2 「Ctrl」＋「1」キーを押すと、「セルの書式設定」が表示される。

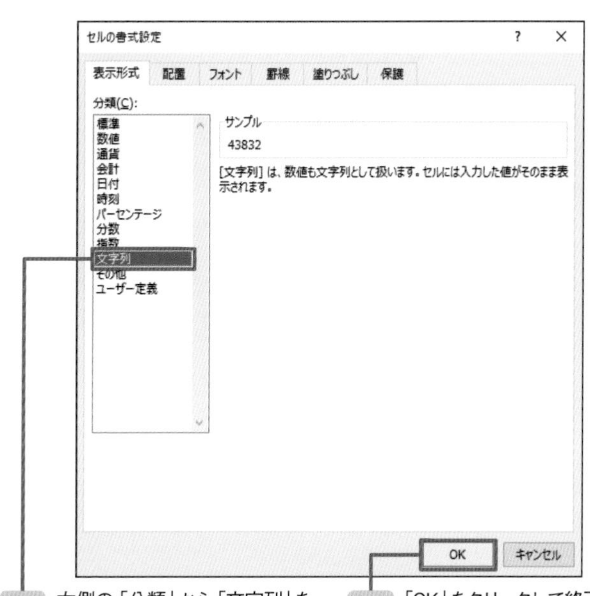

3 左側の「分類」から「文字列」をクリック。

4 「OK」をクリックして終了する。

ExcelでURLを勝手にハイパーリンクにしないで！

入力オートフォーマットの設定を変更

ExcelでWebページなどのURLを入力すると、自動的に**「ハイパーリンク」**になってしまいます。これは、入力したURLをクリックすると、ブラウザーが起動して該当のWebページが表示されるというもの。確かに便利なのですが、人によっては迷惑だと感じてしまうかもしれません。**不要なときは入力オートフォーマットの設定を見直すことで、自動的にハイパーリンクになるのを防ぐことができます。**

設定は、Excelのオプションの「オートコレクトのオプション」→「入力オートフォーマット」タブで行います。ここにある「インターネットとネットワークのアドレスをハイパーリンクに変更する」のチェックをオフにすればOK。以降は、URLを入力してもハイパーリンクになることはありません。

Before

A34

	A	B
1	企業名	URL
2	株式会社ジャムハウス	http://www.jam-house.co.jp/
3		
4		
5		
6		
7		
8		
9		
10		
11		

After

B28

	A	B
1	企業名	URL
2	株式会社ジャムハウス	http://www.jam-house.co.jp/
3		
4		
5		
6		
7		
8		
9		
10		
11		

スッキリ度 70%

URLが自動的にハイパーリンクにならないようにする

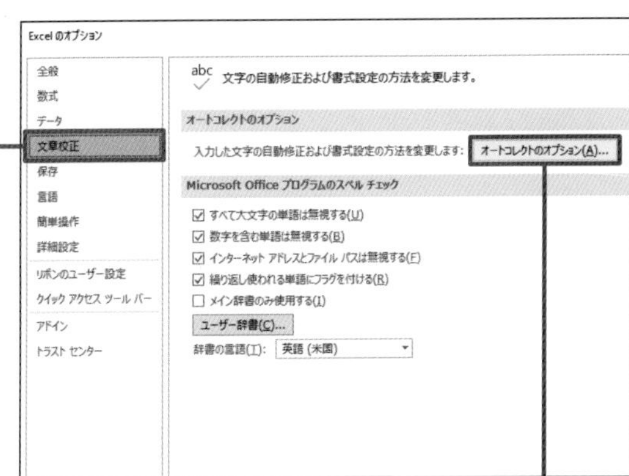

1 Excelの「ファイル」タブ→「オプション」を開き、「文章校正」をクリック。

2 「オートコレクトのオプション」をクリックする。

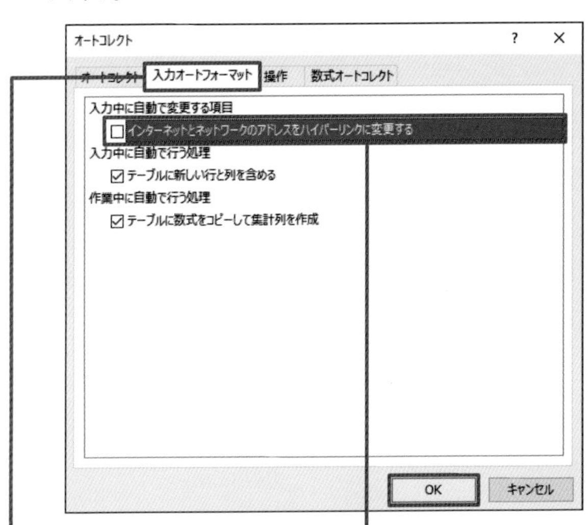

3 「入力オートフォーマット」タブをクリックする。

4 「インターネットとネットワークのアドレスをハイパーリンクに変更する」のチェックを外して、「OK」をクリックする。

Excelでいちいち表示される貼り付けオプションどうにかならない？

「貼り付けオプションボタン」を非表示にする

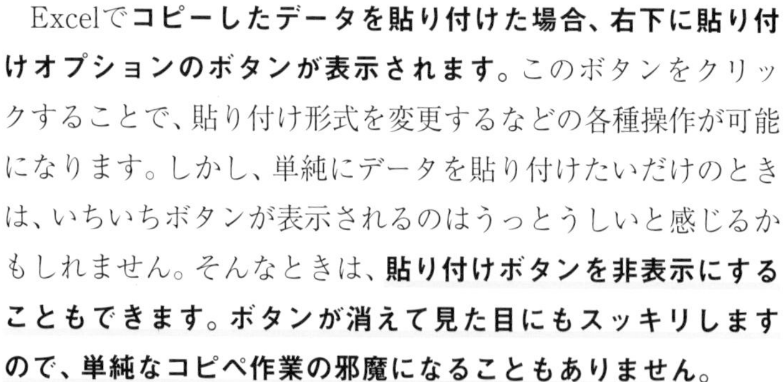

Excelで**コピーしたデータを貼り付けた場合、右下に貼り付けオプションのボタンが表示されます。**このボタンをクリックすることで、貼り付け形式を変更するなどの各種操作が可能になります。しかし、単純にデータを貼り付けたいだけのときは、いちいちボタンが表示されるのはうっとうしいと感じるかもしれません。そんなときは、**貼り付けボタンを非表示にすることもできます。ボタンが消えて見た目にもスッキリしますので、単純なコピペ作業の邪魔になることもありません。**

設定は、Excelのオプションの「詳細設定」から行います。「コンテンツを貼り付けるときに［貼り付けオプション］ボタンを表示する」のチェックをオフにすればOKです。

Before

	氏名	住所
3	高畑俊介	
4	三ツ矢雅美	
5	宮本沙耶	
6	桜井昌子	
7	江坂壮太	
8	黒川博也	

(Ctrl)

After

	氏名	住所
3	高畑俊介	
4	三ツ矢雅美	
5	宮本沙耶	
6	桜井昌子	
7	江坂壮太	
8	黒川博也	

貼り付けオプションのボタンを非表示にする

1 Excelの「ファイル」タブ→「オプション」をクリックする。

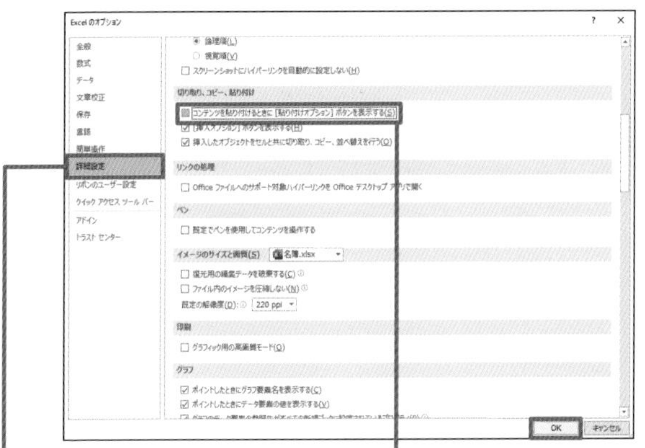

2 「詳細設定」をクリックする。

3 「コンテンツを貼り付けるときに[貼り付けオプション]ボタンを表示する」のチェックを外して、「OK」をクリックする。

Excelでセルに付くエラーインジケータがウザい！

「エラーを無視」にすれば消える

Excelを利用していると、ときどき**セルの左上隅に小さな三角形が表示されることがあります。これは「エラーインジケータ」と呼ばれるもので、入力されているデータに関して、エラーの可能性をExcelが指摘している印です。**特に数式に関するエラーがある際に表示されることが多いのですが、この場合は数式を正しく修正すれば表示されなくなります。

一方、書式設定が「文字列」に設定されているセルに数値を入力したときなどにもエラーインジケータが表示されることがあります。このような場合は、**エラーの出たセルを選択すると表示される「！」アイコンをクリックし、「エラーを無視する」をクリックするとインジケータを消すことができます。**

Before

	A	B
1	会員番号	氏名
2	100058	
3		
4		
5		
6		
7		
8		
9		

After

	A	B
1	会員番号	氏名
2	100058	
3		
4		
5		
6		
7		
8		
9		

エラーを無視して インジケータを消す

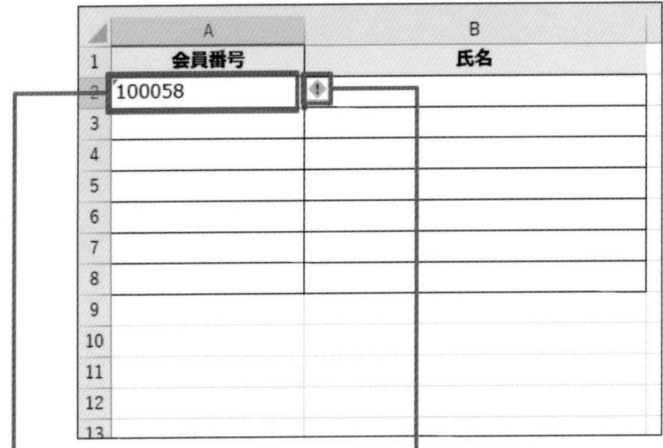

1 エラーインジケータが付いたセルを選択する。

2 「!」アイコンをクリックする。

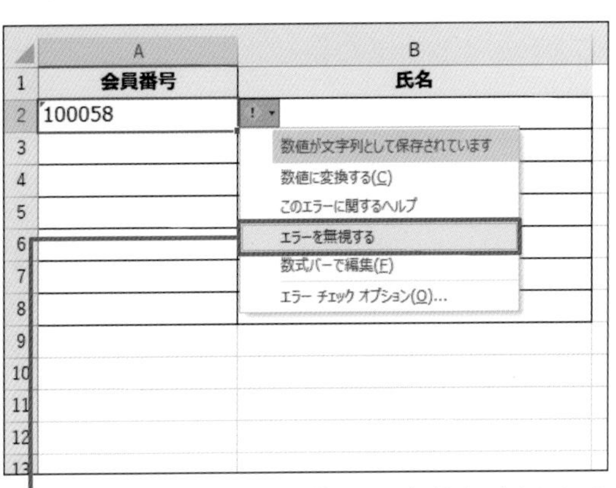

3 表示されたメニューから、「エラーを無視する」をクリック。これでインジケータが消える。

Excelを開くとき毎回スタート画面が表示されるのがうっとうしい！

直接新しいブックが表示されるようにできる

Excelを起動すると、初期設定では「スタート画面」が起動するようになっています。スタート画面では、新規ブックの作成や既存のファイルを開くなどの操作が可能です。しかし、最初から新規のブックで作業を始めたいときは、いちいちスタート画面が表示されるのは面倒です。**そんなときは、起動時の設定を見直して、スタート画面の表示を省略しましょう。Excelを起動すると、ダイレクトに新しいブックが表示され、スムーズに作業を始めることができます。**

Excelの起動時の設定は、「ファイル」タブ→「オプション」→「全般」から変更します。「このアプリケーションの起動時にスタート画面を表示する」のチェックを外せば、以降はスタート画面が表示されなくなります。

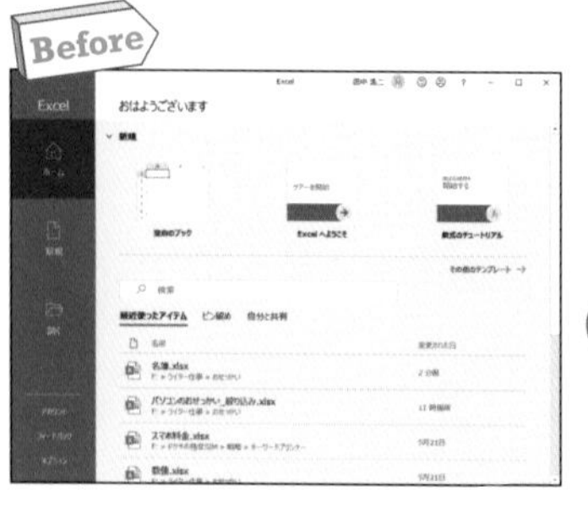

スッキリ度 60%

スタート画面の表示を省略する

1 Excelファイルを開いて「ファイル」タブをクリック、もしくはスタート画面を開いて、それぞれ左下にある「オプション」をクリックする。

2 「全般」をクリックする。

3 「起動時の設定」で、「このアプリケーションの起動時にスタート画面を表示する」のチェックを外す。最後に「OK」をクリックして終了する。

Excelの既定のフォントを「游ゴシック」以外にしたい！

好きなフォントを既定に設定できる

Excelでは「游ゴシック」が既定のフォントに設定されています。新しいブックを開くと、自動的に游ゴシックが使用フォントとして設定されるしくみです。しかし、游ゴシックが好みではないという人も多いでしょう。**実はExcelの既定フォントは、自由に変更できます。また、必要に応じてフォントサイズなども変更できるので、あらかじめ自分好みに設定しておくといいでしょう。**ちなみに筆者の場合は、スマートで文字がスッキリと見やすい「メイリオ」を既定にしています。

既定のフォントの設定は、「ファイル」タブ→「オプション」→「全般」の「新しいブックの作成時」にある「次を既定フォントとして使用」から選択します。

Before
A B C
1 氏名
2 鈴木太郎
3 佐藤大輔
4 山本沙也加
5
6
7
8

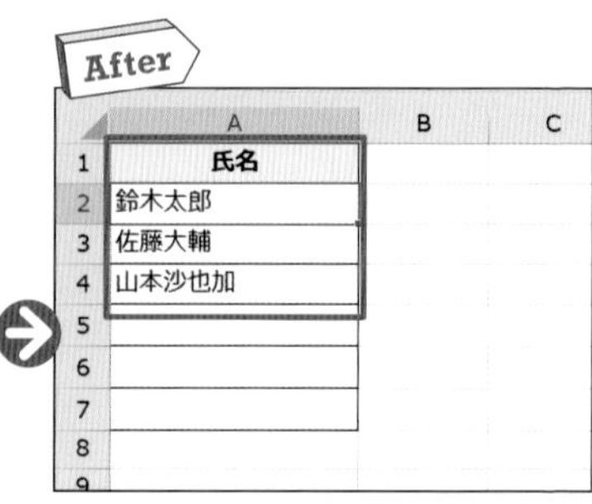

スッキリ度 75%

既定のフォントを変更する

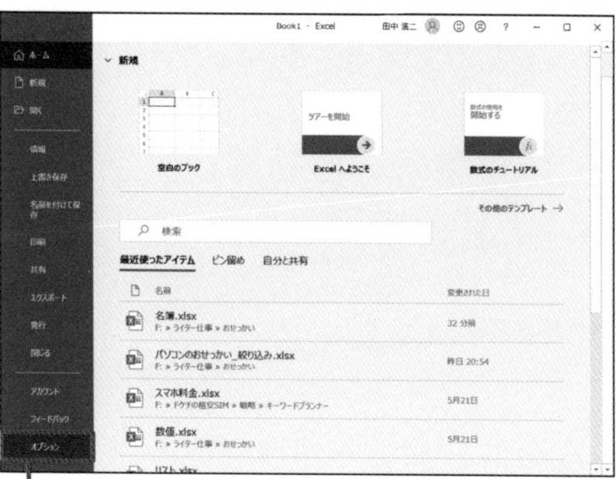

1 「ファイル」タブをクリックし、左下にある「オプション」をクリックする。

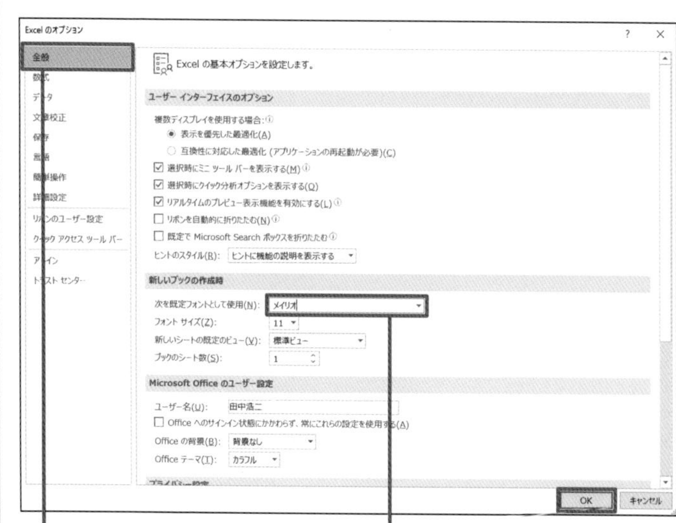

2 「全般」をクリックする。

3 「新しいブックの作成時」で、「次を既定フォントとして使用」の横にあるプルダウンメニューをクリックし、好きなフォントを選択。最後に「OK」をクリックする。

Wordで「①」と入力して改行すると勝手に「②」が入力されちゃう！

段落番号の自動書式設定をオフにする

Wordでは、特定の文字を入力すると自動で書式が設定されることがあります。そのひとつが、先頭に番号を入力したケースです。

例えば、先頭に「①」を付けて文字を入力して改行すると、次の行の先頭には自動的に「②」が付けられます。これは、**「①」を入力した時点で番号付きの段落として認識され、自動的に段落番号の書式が設定されるからです。**番号付きの段落を作成する場合は便利ですが、その1行だけ番号を付けたい場合などは、かえって煩わしくなってしまいます。**このようなときは、自動の書式設定を見直しましょう。設定をオフにしておけば、番号を付けて改行しても次の行には勝手に番号が付けられなくなります。**

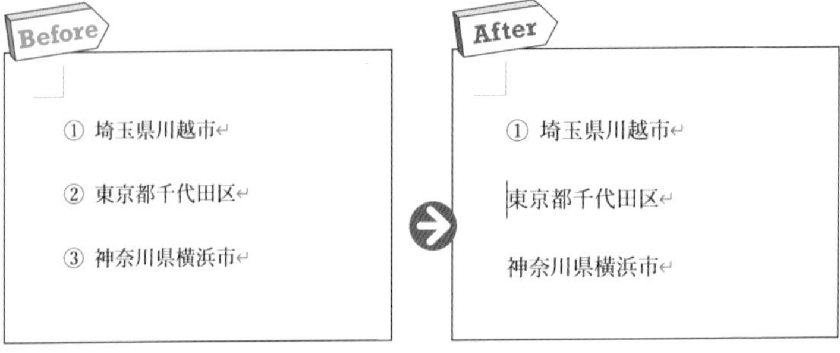

改行しても段落番号が付かないようにする

1 Wordの「ファイル」タブ→「オプション」をクリックする。

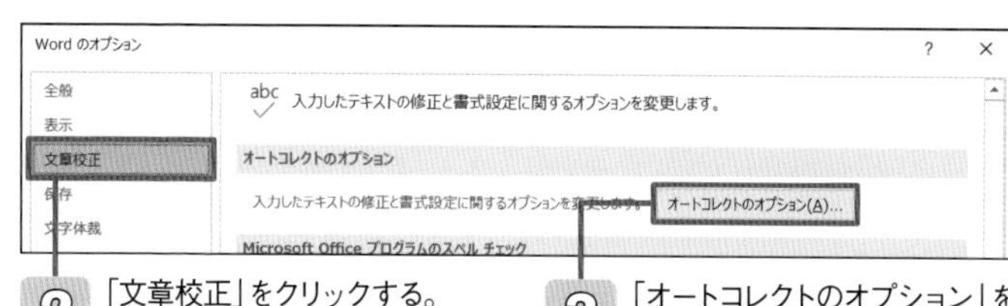

2 「文章校正」をクリックする。

3 「オートコレクトのオプション」をクリックする。

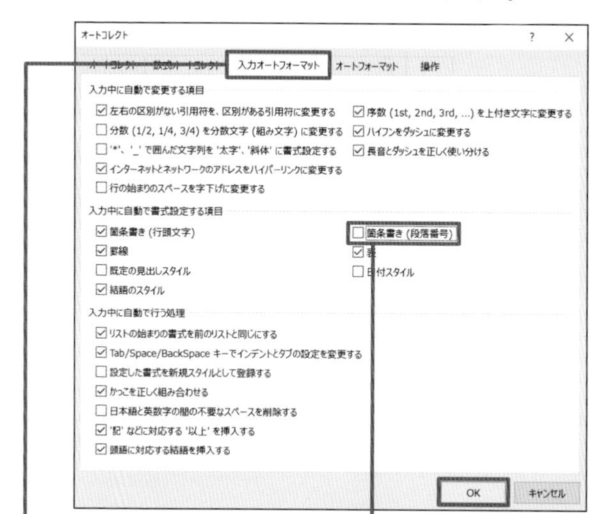

4 「入力オートフォーマット」タブをクリックする。

5 「入力中に自動で変更する項目」にある「箇条書き（段落番号）」のチェックを外して、「OK」をクリックする。

Wordで先頭に「・」を付けると勝手に箇条書きになってしまう！

行頭文字の自動書式をオフにする

Wordでは、入力中に段落番号の書式が自動的に設定されるケースがあることは項目「63」ですでに解説しました。それと同様に、**先頭に「・」+「半角スペース」を付けて改行すると、次の行にも自動的に「・」が付いてしまします。**

これは、「・」+「半角スペース」を入力することで、自動的に箇条書きの書式が設定されるためです。箇条書きを作成する場合は、勝手に行頭文字を付けてくれるので便利なのですが、その1行だけ記号を付けたいときなどはかえって不便になってしまいます。**箇条書きにされたくない場合は、自動書式の設定を変更しましょう。あらかじめ設定をオフにしておけば、「・」を付けて改行しても勝手に箇条書きにはならないので安心です。**

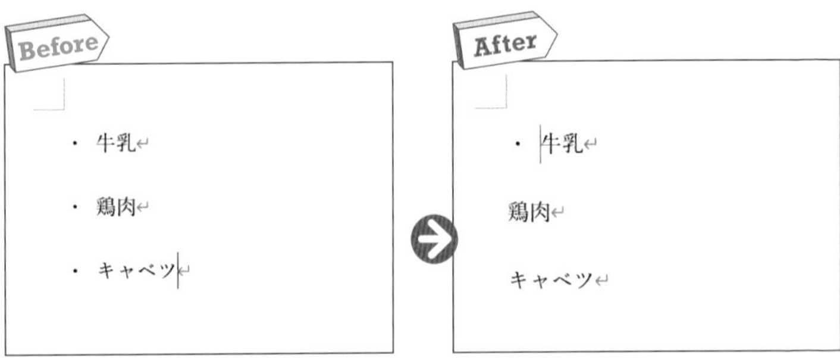

スッキリ度 70%

改行時に「・」が付かないようにする

1 「ファイル」タブ→「オプション」を開き、「文章校正」をクリックする。

2 「オートコレクトのオプション」をクリックする。

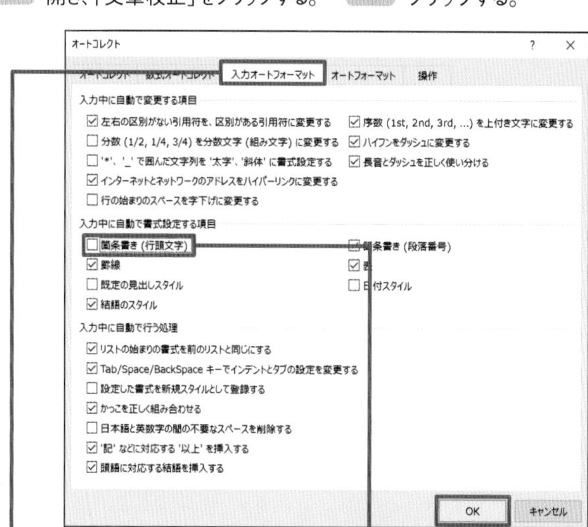

3 「入力オートフォーマット」タブをクリックする。

4 「入力中に自動で変更する項目」にある「箇条書き（行頭文字）」のチェックを外して、「OK」をクリックする。

Wordで行頭が勝手に字下げになっちゃう！

字下げの設定をオフにする

Wordで行の始まりにスペースを入れて改行すると、次の行も自動的に「字下げ」されてしまうことがあります。すべての行を字下げしたいときは便利なのですが、特定の行の先頭だけにスペースを入れたいときは、かえってありがた迷惑になってしまいます。**これは、字下げの設定が有効になっているときに起きる現象です。不要なときは、字下げの設定を確認してオフにしておきましょう。**

字下げの設定は、「オートコレクトのオプション」を開き、「入力オートフォーマット」から行います。ここにある「行の始まりのスペースを字下げに変更する」のチェックをオフにすればOK。以降はスペースを入れて改行しても、勝手に字下げされることがなくなります。

スッキリ度 65%

字下げの設定を無効にする

1 「ファイル」タブ→「オプション」を開き、「文章校正」をクリックする。

2 「オートコレクトのオプション」をクリックする。

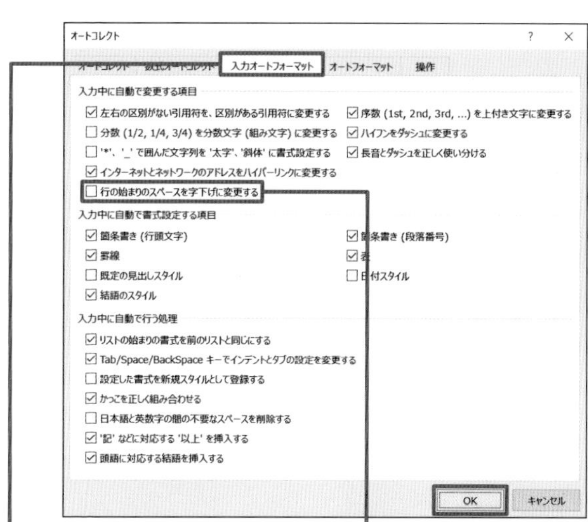

3 「入力オートフォーマット」タブをクリックする。

4 「入力中に自動で変更する項目」にある「行の始まりのスペースを字下げに変更する」のチェックを外して、「OK」をクリックする。

WordでURLを入力すると勝手にハイパーリンクになっちゃう！

自動的にリンクになる機能をオフにする

Excelにも URLを入力すると自動的に「ハイパーリンク」になる機能がありましたが、Wordでもその機能が標準で有効になっています。URLを入力すると、改行した瞬間に自動的にハイパーリンクに変換されるしくみです。リンクをクリックするとブラウザーと連携してWebページを素早く見られますが、文書の内容などによってはリンクにしたくない場面もあるでしょう。また、ファイルを第三者に渡すときなどにも、相手がリンク入りの文書を好まないケースもあります。そんなときは、**オートコレクトのオプションの「入力オートフォーマット」で、ハイパーリンクの設定をオフにしておきましょう。勝手にリンクが作成されなくなり、通常の文字としてURLを入力できるようになります。**

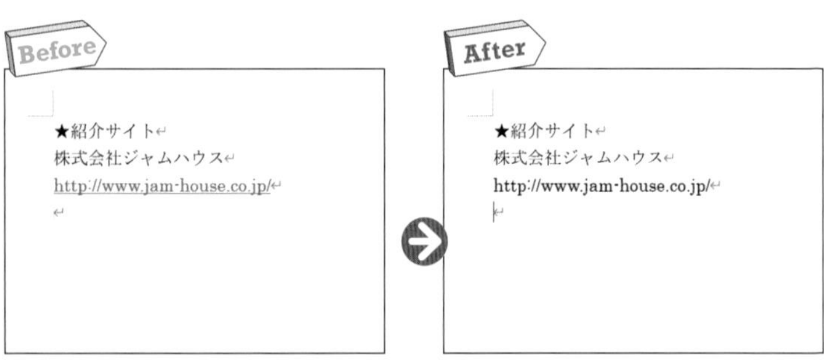

自動的にリンクに変換される機能をオフにする

1 「ファイル」タブ→「オプション」を開き、「文章校正」をクリックする。

2 「オートコレクトのオプション」をクリックする。

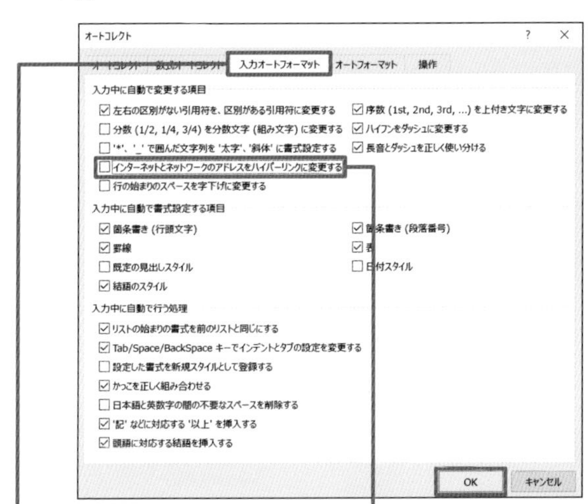

3 「入力オートフォーマット」タブをクリックする。

4 「入力中に自動で変更する項目」にある「インターネットとネットワークのアドレスをハイパーリンクに変更する」のチェックを外して、「OK」をクリックする。

Wordで英文の先頭文字が勝手に大文字になる！

大文字の自動設定をオフにすればOK

Wordで英文字を入力すると、先頭文字が勝手に大文字になってしまうことがあります。これは、オートコレクトで先頭文字を大文字にする設定が有効になっている場合に起きる現象です。本格的な英文を作成する場合などには便利なこともありますが、単純な英単語や英文字の固有名詞などを入力する場合は、いちいち大文字になるのは煩わしいと感じるかもしれません。**不要なときは、大文字の自動設定をオフにしておきましょう。先頭文字が勝手に大文字にされることがなくなるので、スムーズな入力が可能になります。**

設定は、「オートコレクトのオプション」の「オートコレクト」から行います。ここにある「文の先頭文字を大文字にする」のチェックをオフにすればOKです。

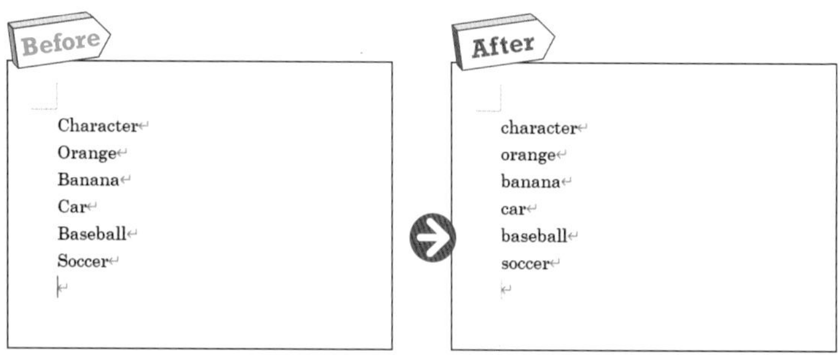

文の先頭文字が大文字にされないようにする

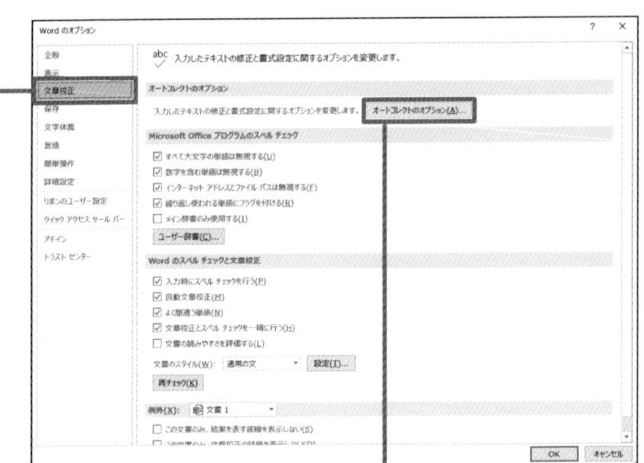

1 「ファイル」タブ→「オプション」を開き、「文章校正」をクリックする。

2 「オートコレクトのオプション」をクリックする。

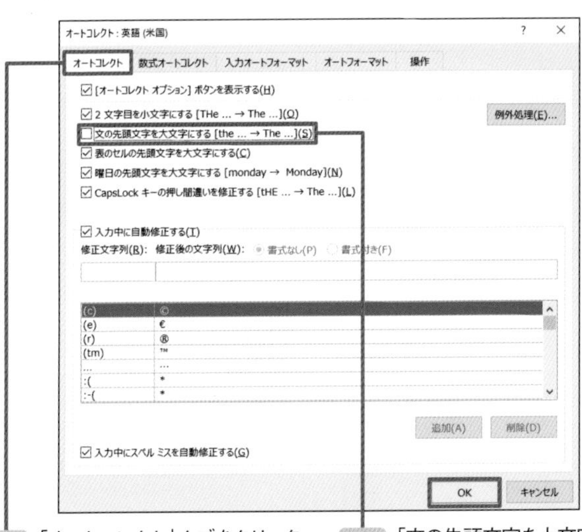

3 「オートコレクト」タブをクリックする。

4 「文の先頭文字を大文字にする」のチェックを外して、「OK」をクリックする。

Wordで入力すると青や赤色の下線が出ることがあるんだけど？

スペルチェックと文章自動校正をオフにする

Wordでは、語句の下に赤色の波線や青色の二重線が付くことがあります。これは、語句の用法間違いやスペルミスの可能性を指摘する印です。スペル間違いの可能性がある場合は赤色の波線が、表現や用法の間違いの可能性がある場合は青色の二重線が表示されます。実際にミスである場合は文字を正しく修正すれば下線は消えます。しかし、意図したとおりに入力しているのにミスと判断される場合は、下線が残ってしまいます。

例えば、特徴のある固有名詞などは、頻繁に下線が表示されてしまいます。**下線を表示させたくない場合は、オプションの「文章校正」から、関連する項目をオフにしましょう。すべての文書で下線を非表示にできるほか、現在の文書のみ例外的に非表示にすることも可能です。**

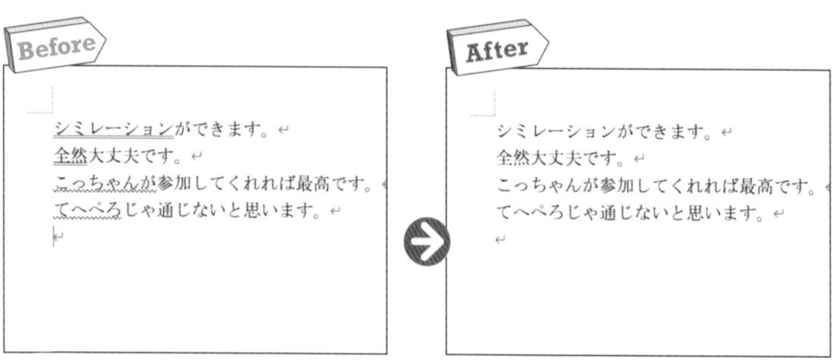

全文書で赤い波線や青い二重線を非表示にする場合

1 「ファイル」タブ→「オプション」を開き、「文章校正」をクリックする。

2 「Wordのスペルチェックと文章校正」にある「入力時にスペルチェックを行う」「自動文章校正」のチェックをそれぞれ外して、「OK」をクリックする。

現在の文書のみ赤い波線や青い二重線を非表示にする場合

1 「ファイル」タブ→「オプション」を開き、「文章校正」をクリックする。

2 「例外」にある「この文書のみ、結果を表す波線を表示しない」「この文書のみ、文章校正の結果を表示しない」のチェックをそれぞれ入れて、「OK」をクリックする。

Wordで文字サイズを変えると勝手に行間も変わってしまう！

行グリッド線の設定をオフにすればOK

フォントの種類によっては、文字サイズを変更すると勝手に行間が広がってしまうことがあります。例えば、游ゴシックの文字サイズを大きくすると、行間も不自然に広がります。**これは、文字を行グリッド線に合わせるための設定が有効になっている場合に起こる現象です。**行グリッド線は、文字サイズの変化に応じて行間を揃えるためのものですが、不格好に間隔が広がり過ぎる場合があるのです。**行間をもっとスッキリとさせたい場合は、この行グリッド線の設定をオフにしましょう。**

設定は、「段落」の画面の「インデントと行間隔」タブを開き、「1ページの行数を指定時に文字を行グリッド線に合わせる」のチェックをオフにすればOKです。

Before

「お客様のようなお若い女性でしたら、他にもいろいろオススメのお酒がありますよ。この時期ならチラホラと夏酒も出てきてますし、飲みやすいスパークリングタイプもあります。あ、良かったら試飲もできますよ」店員は知奈美の顔をじっと見つめた。「二十歳は超えられてますよね？」

「ええ。でも今日は車で来てるので、遠慮しておきます」

　知奈美は軽く会釈をして店を出た。もちろん車で銀座に来るほどの度胸はない。二十歳の誕生日まであと一週間。さすがに試飲で祝杯をあげるわけにはいかなかった。

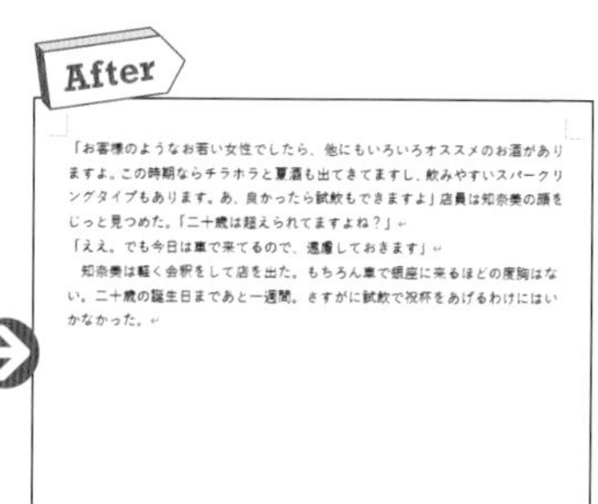
After

「お客様のようなお若い女性でしたら、他にもいろいろオススメのお酒がありますよ。この時期ならチラホラと夏酒も出てきてますし、飲みやすいスパークリングタイプもあります。あ、良かったら試飲もできますよ」店員は知奈美の顔をじっと見つめた。「二十歳は超えられてますよね？」

「ええ。でも今日は車で来てるので、遠慮しておきます」

　知奈美は軽く会釈をして店を出た。もちろん車で銀座に来るほどの度胸はない。二十歳の誕生日まであと一週間。さすがに試飲で祝杯をあげるわけにはいかなかった。

スッキリ度 65%

行グリッド線の設定をオフにする

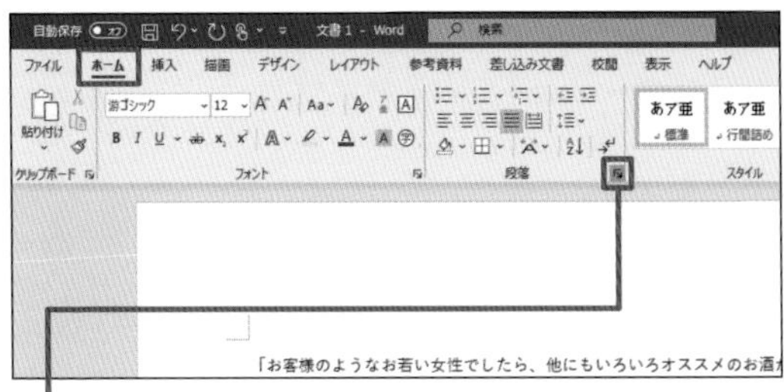

1 Wordの「ホーム」タブを開いて、「段落」グループの右下にある「段落の設定」アイコンをクリックする。

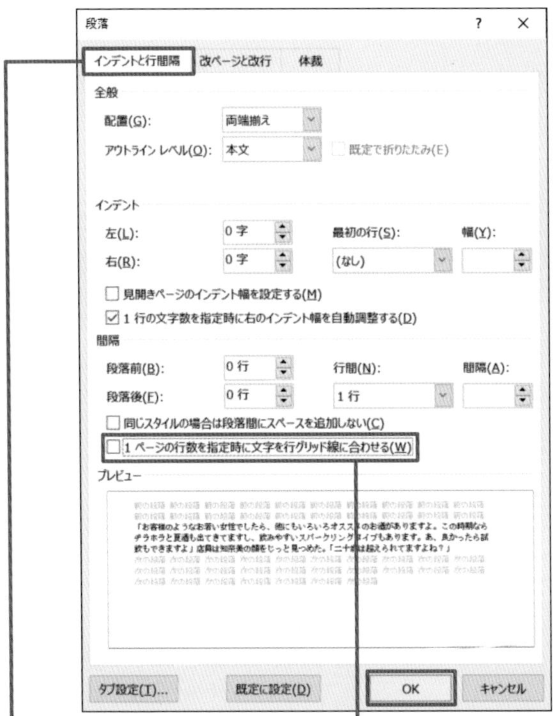

2 表示された画面の「インデントと行間隔」タブをクリックする。

3 「1ページの行数を指定時に文字を行グリッド線に合わせる」のチェックを外して、「OK」をクリックする。

Wordで新規文書のデフォルトのフォントを変更したい！

フォントを選んで既定に設定する

Wordの標準フォントは、初期設定では「游明朝」が選択されています。しかし、「メイリオ」「MSゴシック」など、ほかのフォントを既定として使いたい人も多いでしょう。もちろん、**そのつど使用フォントを変更すればいいのですが、作成のたびにいちいち変更するのは面倒です。そこでオススメなのが、既定のフォントを変更する方法です。**

既定のフォントを好きなものに変更しておけば、文書作成画面で指定フォントが自動的に選択されます。設定は、「フォント」画面を表示して好きなフォントを選び、「既定に設定」をクリックするだけ。日本語用フォントと英数字用フォントは個別に選べます。また、必要に応じて文字サイズやスタイル（標準、斜体、太字など）の変更も可能です。

Before

拝啓　貴社ますますのご清栄のことと
このたび弊社は業務拡大のため、下記
今後とも一層のご愛顧の程、よろしく

After

拝啓　貴社ますますのご清栄のことと
このたび弊社は業務拡大のため、下記
今後とも一層のご愛顧の程、よろしく

既定のフォントを変更する

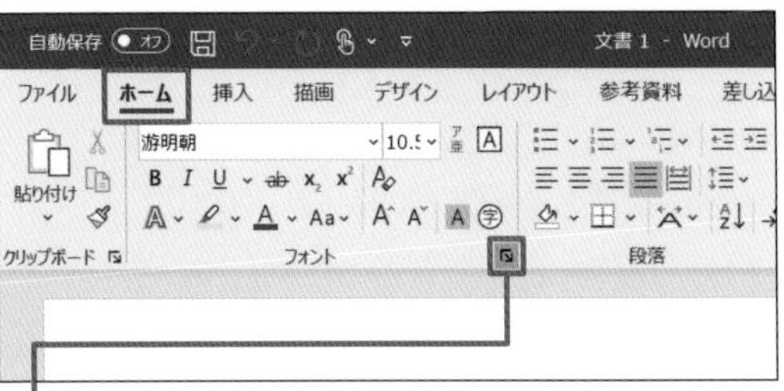

1 Wordの「ホーム」タブを開いて、「フォント」グループの右下にある「フォント」アイコンをクリックする。

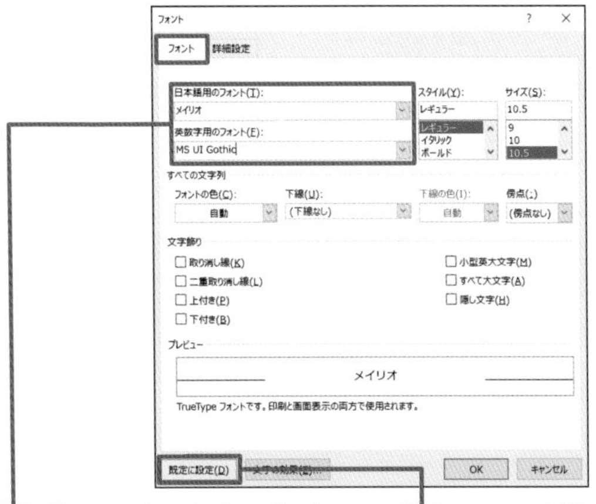

2 「フォント」タブを開き、「日本語用のフォント」と「英数字用のフォント」で好きなフォントを選択する。

3 フォントを選んだら、「既定に設定」をクリックする。

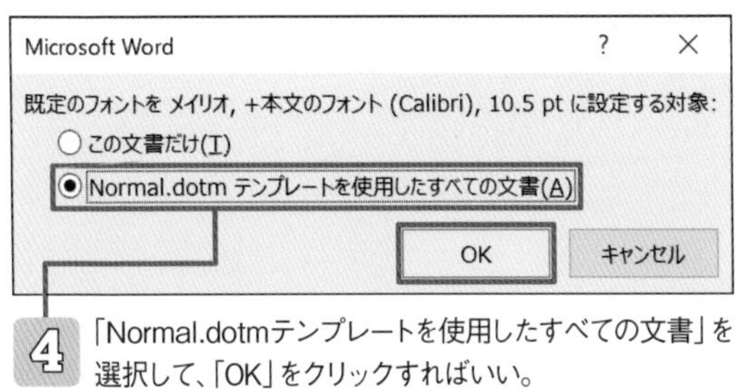

4 「Normal.dotmテンプレートを使用したすべての文書」を選択して、「OK」をクリックすればいい。

PowerPointで文字の量が多いと勝手にフォントが縮小されちゃう！

プレースホルダー内に収める設定をオフにする

PowerPointでは、プレースホルダーに入力する文字量が多いと、その範囲に文章が収まるように文字サイズが自動的に小さくなることがあります。これは、プレースホルダーのテキスト調整機能が有効になっているために起きる現象です。プレースホルダーの大きさを変えたくない場合は便利な機能ですが、文字があまりに小さくなると、読みづらくなってしまいます。**そんなときは、プレースホルダーのテキスト調整機能をオフにしましょう。自動的に文字サイズが調整されることがなくなり、標準の文字サイズで入力できます。**

設定は、「オートコレクトのオプション」の「入力オートフォーマット」で行います。ここで、プレースホルダーの自動調整に関する2つの項目をオフにすればOKです。

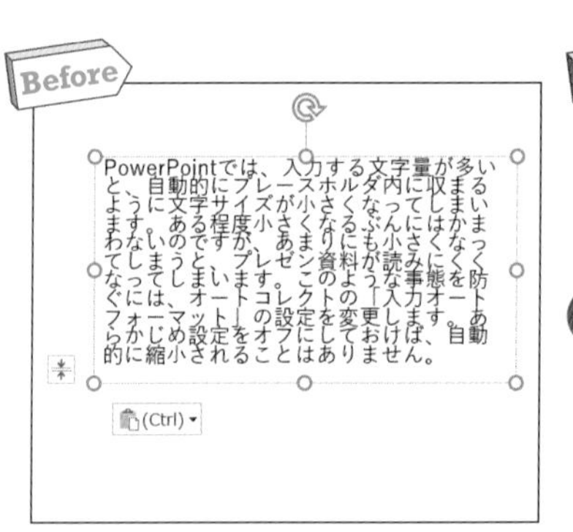

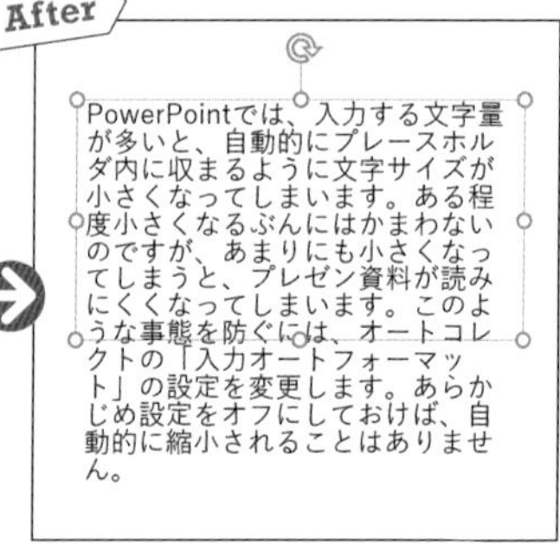

スッキリ度 60%

プレースホルダーのテキスト調整機能をオフにする

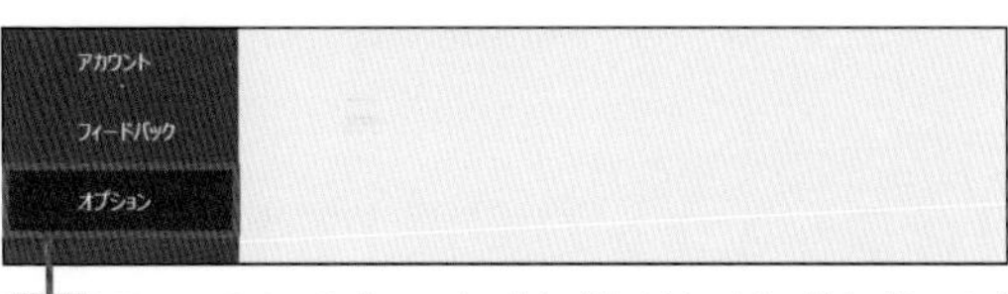

1 PowerPointの「ファイル」タブをクリックし、「オプション」をクリックする。

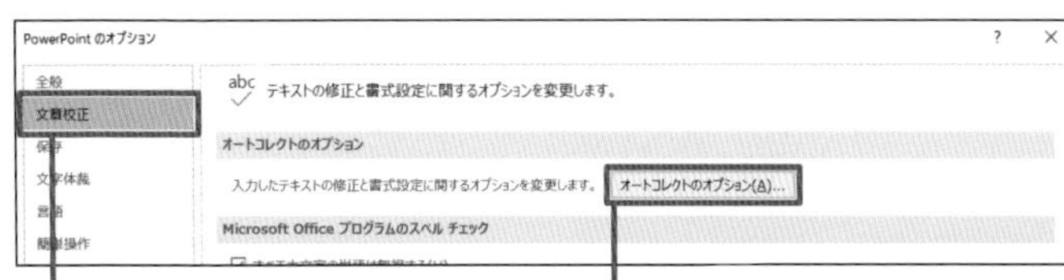

2 左側のメニューから「文章校正」をクリックする。

3 「オートコレクトのオプション」をクリックする。

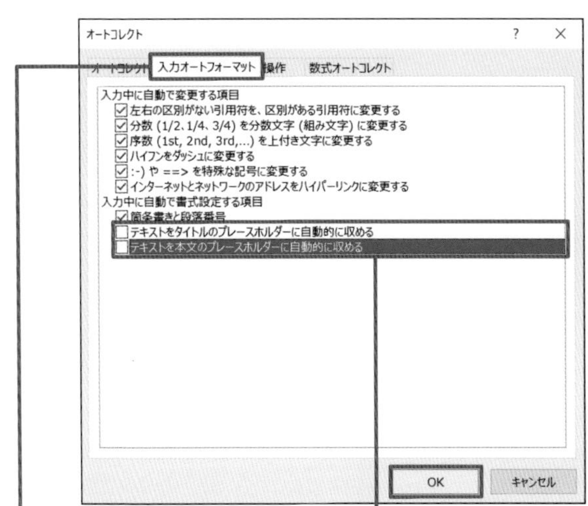

4 「入力オートフォーマット」タブをクリックする。

5 「テキストをタイトルのプレースホルダーに自動的に収める」「テキストを本文のプレースホルダーに自動的に収める」のチェックをそれぞれ外して、「OK」をクリックする。

PowerPointで複数の図形の位置をキレイに揃えたい

「オブジェクトの配置」を利用する

PowerPointはプレゼンテーション用のアプリですから、スライドに図形を使う機会も多くなります。しかし、**図形の数が多くなると、図形の位置がある程度揃っていないと、見栄えが悪くなります。**もちろん、マウスでドラッグして位置を調整すればいいのですが、数が多いとかなり面倒になります。**そこで便利なのが、「オブジェクトの配置」の機能です。**

本書は、パソコンの“おせっかい”を改善することが趣旨なので少し方向性は異なりますが、この機能はぜひ活用することをオススメします。

「オブジェクトの配置」は、「図形の書式」タブから利用できます。「左揃え」「右揃え」「左右中央揃え」など、多彩な揃え方が選べるようになっています。

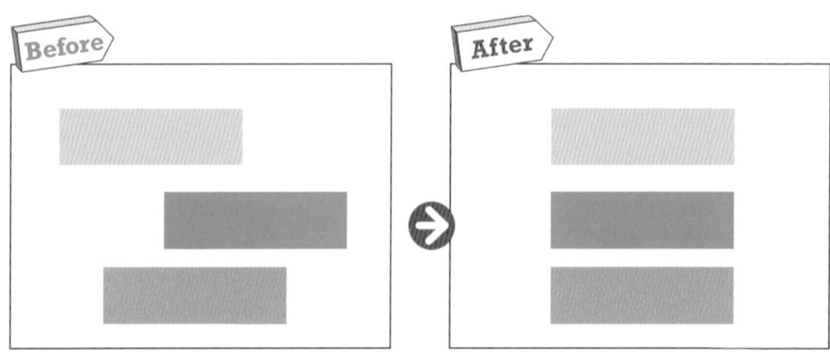

「オブジェクトの配置」で図形の位置を揃える

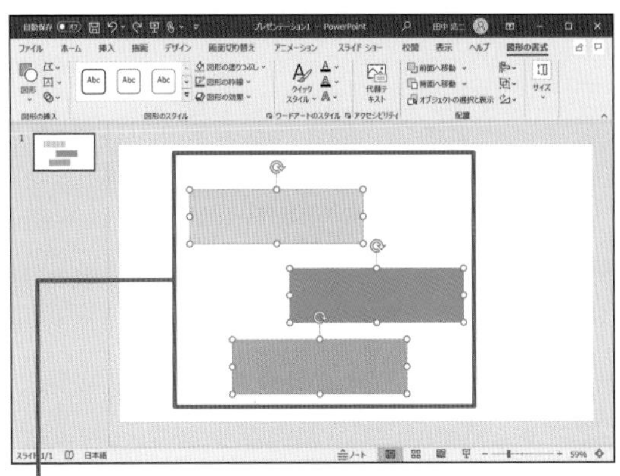

1 位置を揃えたい図形をすべて選択しておく。

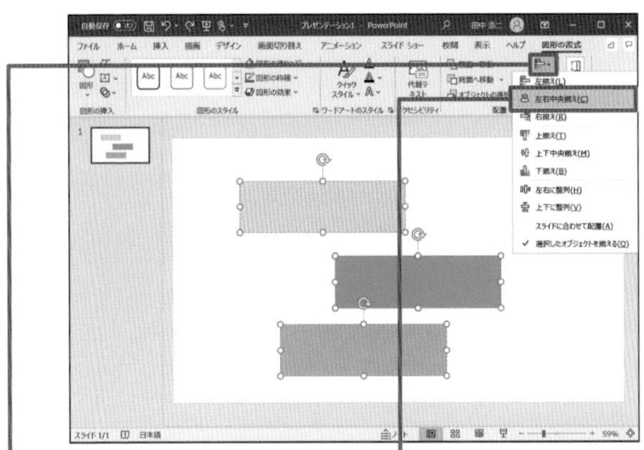

2 「図形の書式」タブが表示されるので、「オブジェクトの配置」アイコンをクリック。

3 揃え方の種類をクリックすると、図形の位置が変更される。

PowerPointで図形などが思い通りの位置に移動できない！

グリッド線単位の位置合わせをオフにする

マウスで図形やテキストボックスを移動するとき、大まかにしか動かせず、細かい位置の調整ができないことがあります。これは、描画オブジェクトの位置合わせ機能が有効になっているのが原因です。描画オブジェクトをグリッド線に合わせる設定がオンになっていると、指定されたグリッド線の間隔でしか移動できません。

細かい位置調整をしたい場合は、グリッド線の設定をオフにしましょう。設定をオフにすれば、マウスでも図形やテキストボックスを細かく移動できるようになります。

また、設定をいじりたくない場合は、「Ctrl」＋方向キー（矢印キー）を押せば細かく移動できます。使いやすい方法でスムーズに位置を調整してください。

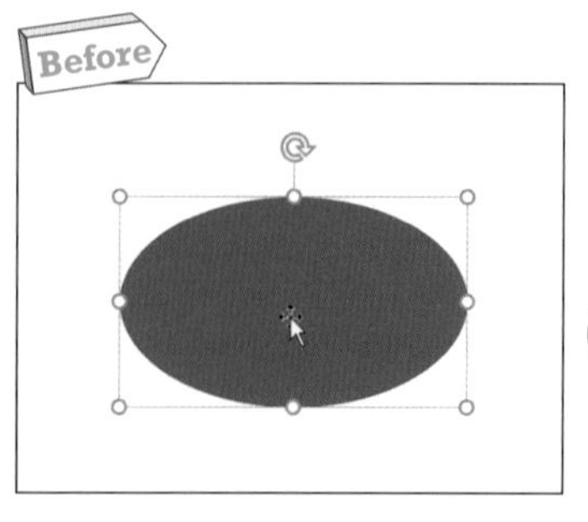

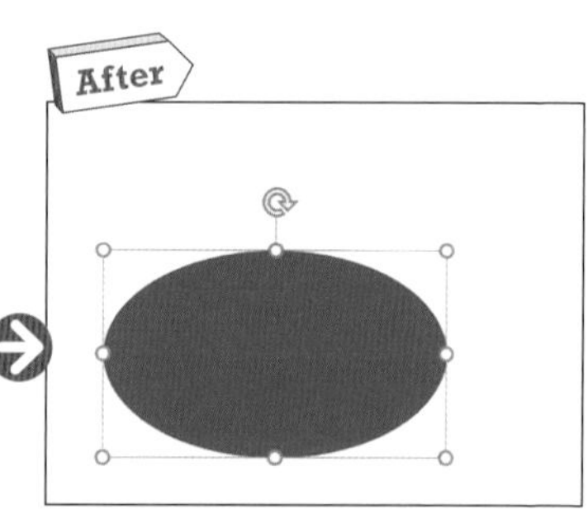

スッキリ度 65%

描画オブジェクトの位置合わせをオフにする

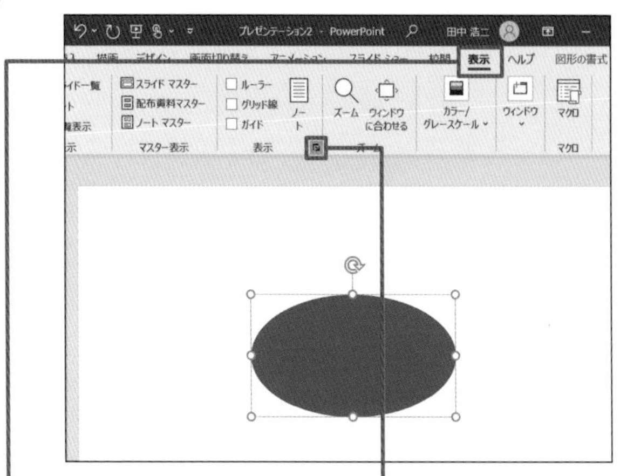

1 「表示」タブをクリックする。

2 「表示」グループ右下にある「グリッドの設定」アイコンをクリックする。

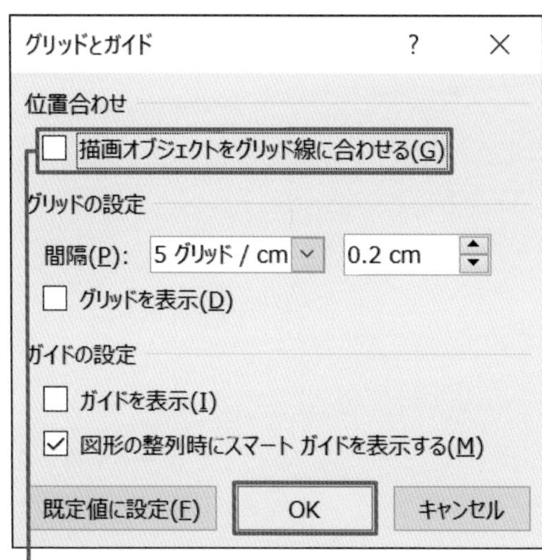

3 「描画オブジェクトをグリッド線に合わせる」のチェックを外して、「OK」をクリックする。

テキストボックスの既定のフォントとサイズを変更したい！

変更後に既定のテキストボックスに設定

PowerPointでは、複数のテキストボックスを使うことも多いと思います。しかし、**テキストボックスの標準フォントは「游ゴシック」の「18ポイント」が設定されています。**そのほかのフォントやサイズを使いたい場合は、テキストボックスを挿入するたびに変更する必要があり、かなり手間がかかります。

そんなときは、既定のテキストボックスを変更しましょう。最初のテキストボックスを挿入した際に、フォントとサイズを好きなものに変更し、それを「既定のテキストボックス」として設定します。以降は挿入したテキストボックスに同じフォントやサイズが適用されます。なお、既定のテキストボックスは、そのファイル内のスライドのみで適用されるため、別のファイルには適用されません。

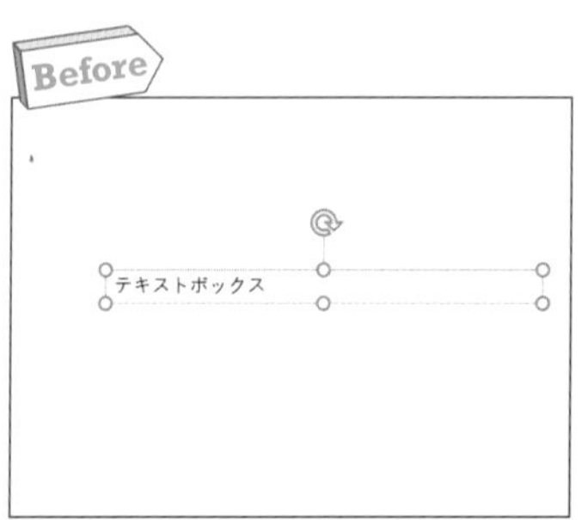

既定のテキストボックスを変更する

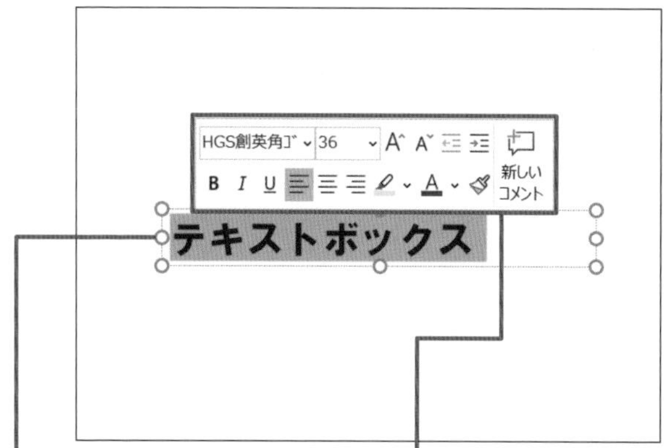

1 最初に挿入したテキストボックスに文字を入力し、その部分を選択しておく。

2 上にフォントの設定が表示されるので、好きなフォントとサイズを設定する。

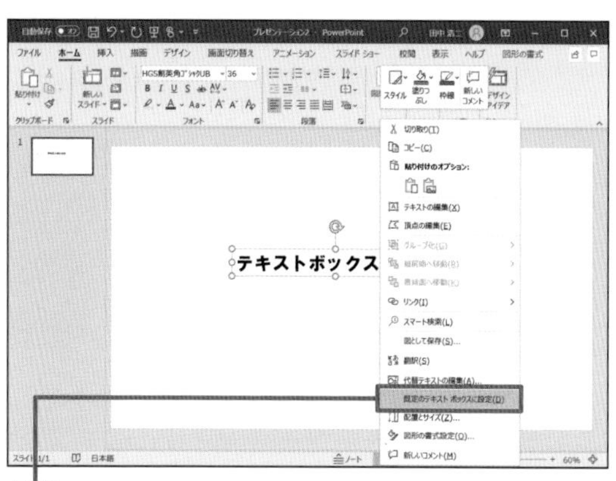

3 フォントとサイズを変更したら、テキストボックスを右クリックし、「既定のテキストボックスに設定」をクリックすればいい。

おわりに

最後までお読みいただき、ありがとうございました。これまでパソコンは、多機能であればあるほどもてはやされてきました。しかし、本書で解説したように、さまざまな機能が操作の妨げになっています。パソコンを快適に使うための条件は、決して機能の多さではありません。何より重要なのは、ユーザーの身の丈に機能を合わせる“ジャストフィット”の精神なのです。

ここ数年、不要なモノを取り除き、必要最小限のモノだけで暮らす「ミニマルライフ」が注目されています。この考え方は、パソコンにも応用できるはずです。不要な機能をオフにして、必要な機能だけでミニマルに使えば、パソコンはより身近に、より快適に生まれ変わります。本書の74のワザを活用して、皆さんとパソコンとのジャストフィットな関係を築いてください。

2020年9月吉日　宮下 由多加

[著者紹介] 宮下 由多加（みやした ゆたか）

ITライター、エディター。出版社勤務時代にパソコンの面白さに目覚め、2000年よりITライターとして独立。これまでパソコン、スマホ関連の雑誌、書籍を中心に200冊以上の執筆・編集に関わる。近年は、パソコンのムダな機能のお掃除に着目。パソコンをミニマルかつ快適に使う方法を指南している。

● 万一、乱丁・落丁本などの不良がございましたら、お手数ですが株式会社ジャムハウスまでご返送ください。送料は弊社負担でお取り替えいたします。

● 本書の内容に関する感想、お問い合わせは、下記のメールアドレスあるいはFAX番号あてにお願いいたします。電話によるお問い合わせには、応じかねます。

メールアドレス◆mail@jam-house.co.jp　FAX番号◆03-6277-0581

すぐできる74の“パソコン機能”
スッキリ整理術
ムダを省いて仕事効率30%アップ！

2020年9月30日　初版第1刷発行

著者　宮下由多加
発行人　池田利夫
発行所　株式会社ジャムハウス
〒170-0004　東京都豊島区北大塚 2-3-12
ライオンズマンション大塚角萬 302号室
カバー・本文デザイン　船田久美子（ジャムハウス）
編集　大西淳子（ジャムハウス）
DTP　神田美智子
印刷・製本　シナノ書籍印刷

ISBN 978-4-906768-83-7
定価はカバーに明記してあります。